图解服务的细节

113

"新零售战略与大趋势"系列

スーパーマーケットのバリューイノベーション——新しい価値創造

超市未来生存之道
为顾客提供新价值

［日］水元仁志 著

郑溪 译

图字：01-2021-1235 号

Super market no Value Innovation
by Hitoshi Mizumoto
Copyright © 2010 Hitoshi Mizumoto
Simplified Chinese translation copyright © 2022 Oriental Press,
All rights reserved
Simplified Chinese translation rights arranged with Hitoshi Mizumoto.
through Hanhe International (HK) Co., Ltd.

中文简体字版专有权属东方出版社

图书在版编目（CIP）数据

超市未来生存之道：为顾客提供新价值／（日）水元仁志 著；郑溪 译. —北京：东方出版社，2021.12
（服务的细节；113）
ISBN 978-7-5207-1843-1

Ⅰ.①超… Ⅱ.①水… ②郑… Ⅲ.①超市—商业管理 Ⅳ.①F717.6

中国版本图书馆 CIP 数据核字（2021）第 214485 号

服务的细节 113：超市未来生存之道：为顾客提供新价值
(FUWU DE XIJIE 113: CHAOSHI WEILAI SHENGCUN ZHI DAO: WEI GUKE TIGONG XIN JIAZHI)

作　　者：	[日] 水元仁志
译　　者：	郑　溪
责任编辑：	崔雁行　高琛倩
出　　版：	东方出版社
发　　行：	人民东方出版传媒有限公司
地　　址：	北京市西城区北三环中路6号
邮　　编：	100120
印　　刷：	北京文昌阁彩色印刷有限责任公司
版　　次：	2021年12月第1版
印　　次：	2021年12月第1次印刷
开　　本：	880毫米×1230毫米　1/32
印　　张：	9.875
字　　数：	179千字
书　　号：	ISBN 978-7-5207-1843-1
定　　价：	58.00元
发行电话：	(010) 85924663　85924644　85924641

版权所有，违者必究

如有印装质量问题，我社负责调换，请拨打电话：(010) 85924602　85924603

总序 / 001

中文版序言 / 007

前　言
做判断仅凭"经验",企业经营苦不堪言

来自"衰退时代"这一怪物的侵蚀 / 014

通货紧缩时代,成就独赢企业 / 016

第 1 章
向美国超市学习变革

在美国兴起的 7 股新潮流 / 021

第 1 股潮流　"种族人口比例的变化" / 022

第 2 股潮流　"健康意识"越发强烈 / 025

第 3 股潮流　"女性进入社会" / 028

第 4 股潮流　"高涨的地区共荣思想" / 030

第 5 股潮流　HMR 的"饮食娱乐化"／031

第 6 股潮流　"大业态向小业态的转变"／033

第 7 股潮流　"人材培训投资型企业"更加强势／035

美国超市的"独特化战略"／037

全食超市为什么能成功？／039

效仿美国超市的"新常识"／043

第 2 章
日本超市现状所带来的启示

勿将"低迷"和"消费低迷"混为一谈／049

　　理由 1　日本国民的储蓄率在上升／049

　　理由 2　生活者的"心理影响"和购买力（消费力）低迷紧密相关／049

　　理由 3　国民收入所得降幅小／051

"通货紧缩"不同于"螺旋式通货紧缩"／053

从"消费者时代"向"生活者时代"转变／055

如今买方决定商品便宜与否的"标准"／058

杜绝浪费，"不买无用的商品"／061

好市多（Costco）在日本成功的理由／063

"优衣库（UNIQLO）"为何能脱颖而出？／066

名为 Heat Tech 的"中年女性内衣"/ 068

因聚焦品类,所以风险可控 / 071

第 3 章
正因为是"衰退时代"才需要模式转换

"理念""愿景"的重要性 / 077

需要根据"信息、知识、现场"做决断 / 079

总部变革="3 项变革"迫在眉睫!/ 082

人事部长是否参加经营会议?/ 085

销售额和毛利额"评价标准"的变革 / 087

  1. 销售额的评价标准 / 087

形成售罄力的"毛利额"评价标准主义 / 089

  2. 毛利额(率)的评价标准 / 089

工资"有限",薪酬"无限"/ 091

  3. 生产效率(人时产能)的评价标准 / 091

"门店主导"要从总部的变革开始做起 / 094

第 4 章
应对衰退时代,商品部的变革

"企业的目的就是创造客户"/ 099

III

对于"PB商品热潮",您是否也心生疑问?／102

理解美国PB商品的现状／104

玩转"应季的差异"的变革／106

养殖鱼类的采购变革／108

靠附近渔港的开发变革脱颖而出／110

优质肉类,比起产地、品牌,更重美味／112

熟食"成本谈判"的变革／114

不仅重视"信息","仓库"也应查看／116

应开展"包销采购谈判"!／118

推进采购的"模式转换"!／121

为什么"销售计划"多年不变?／124

为什么采购们"坐等不动"呢?／127

第5章
衰退时代下的店长变革

所谓"店铺力"就是"执着"程度的差距／135

通过提升"订货能力"可增强"店铺力"／137

放下经验值,挑战超常值的销售／139

"售罄能力"才是消费低迷的救世主／142

从"毛利额"出发的变革／145

"数据掌握力"应是全体员工的通用技能！/ 149

还需具备"4种能力"的"新"店长形象 / 152

  1. 发现问题的能力 / 153

营造能够提高"知识×信息"储备的环境 / 154

不能理解理念的店长，不值得信赖 / 157

  2. 交流能力 / 157

冲动性的"愤怒"，会丧失下属的信赖 / 158

  3. 领导能力 / 158

一起思考失败的原因 / 161

  4. 培养人才的能力 / 161

"山不会变，但我会更强！"/ 164

第 6 章
应对衰退时代，店铺的策略

"理解生活者的消费行为模式！"/ 169

是否实现了让顾客感到"划算"的可视化？/ 172

给人"信息"，让其掌握"知识"/ 175

故事营销的"故事"也有应季 / 179

想了解"为什么能低价销售？"/ 182

提升"顾客满意度"的标准 / 189

第 7 章
消费低迷背景下各部门的超全对策

水果部门

对策① 成为"应季先驱",掌握主导权 / 195

对策② "应季"水果需要"量感惊喜"/ 198

对策③ "应季后期","味道"是关键!/ 200

蔬菜部门

对策① 3 种"便宜"的可视化 / 204

对策② "可用于多种美味菜肴"的可视化 / 208

对策③ 出售"蓝海"蔬菜 / 210

对策④ 具备"售罄能力"/ 213

水产部门

对策① 实行"质优价廉"战略 / 216

对策② 从"同价销售"向便宜的可视化转变 / 218

对策③ 提高"订货能力""销售能力"标准 / 221

对策④ 水产采购的意识改革 / 223

对策⑤ "深受儿童喜爱的商品"和"多功能的商品"/ 225

对策⑥ 各品类需发起"新挑战"/ 228

"用途广泛"以及"晚餐用干货商品"的提案 / 232

精肉部门

对策① 打破精肉常识的"超级鲜度"战略 / 235

一早的卖场即便全是打折商品也无妨 / 238

对策② 从重"品类"向重"走量"转变 / 241

对策③ 实行"质优价廉"战略方针 / 244

对策④ 夏季提议吃寿喜锅有何不可？/ 248

对策⑤ 烤肉也需"新挑战"/ 252

对策⑥ 猪肉采用"带骨"，鸡肉采用"小块"/ 255

熟食部门

对策① 彻底消除"不"！/ 259

对策② "外食需求"品类的强化 / 263

对策③ 人才的模式转换！/ 266

对策④ 要从"制造业"中脱身 / 267

对策⑤ 远离"低价销售"/ 269

对策⑥ 非"家常熟食"，而是"精致熟食"/ 271

日配商品、食品杂货商品、日用杂货、酒类部门

对策① 比以往畅销商品更"美味"/ 274

对策② 为什么冬天就该吃炖菜，夏天就应吃咖喱？/ 280

对策③ 故事 POP 的进化 / 282

对策④ "单品走量"的"便宜可视化" / 285

收银部门

以收银为中心,可获得惊人的"预订量" / 288

唯有收银员才能实现的营销策略 / 290

后　记　一起构筑新时代吧 / 291

总 序

1953年，日本第一家自助式服务超市开始营业。

此后，从1970年到1990年，日本迎来了"高速成长期"，衣食住等各类商品一应俱全的综合超市（general merchandising store）实现了飞速发展。

然而，自1980年持续至1991年的"泡沫经济"破灭后，日本经济开始陷入低迷，与综合超市相比，连锁专卖店逐渐赢得了民众的支持，日本零售业的势力版图彻底发生了改变。

从20世纪80年代开始，24小时营业的便利店也迅速发展，并演变为一种改变日本人生活习惯的零售业态。

与此同时，超市也抓住了高速成长期的机遇，龙头企业遍布日本各地。

但在经历了2008年的"雷曼事件"之后，日本经济陷入严重衰退，价格竞争愈演愈烈。

"充满血腥的厮杀"席卷了整个行业。

正当大家竭力尝试摆脱这场"充满血腥的厮杀"时……

2008年，《超市新常识1：有效的营销创新》一书开始销售。

这本书基于具体事例，以浅显易懂的方式阐述了如何从"充满血腥的厮杀"中脱身，一经问世便大受全日本零售行业人士的青睐，掀起了畅销热潮。

据说这本书甚至改变了"日本超市的历史"……

《超市的蓝海战略：创造良性赢利模式》于 2009 年开始发售。

正值日本进入"人口减少、少子高龄化"的严峻时代，这本书作为介绍"低价格"以外的"差异化竞争"方法的"战略书籍"，面对人口持续下降的"少子高龄化"时代危机，在读者忠实践行本书的创意和策略的基础上，帮助日本各地的零售业经营者构筑起全新的超市业态。

之后，日本与美国一样，除了超市之外，药妆店也开始经营食品，成为超市行业新的竞争对手。

而此时，从根本上改变现有的"采购""物流""销售"等整体"机制"的时机已经成熟……

《超市未来生存之道：为顾客提供新价值》一书应运而生。

除了店铺运营、销售方法之外，本书还对采购（供应）、物流等看不见的环节进行了深度解读，作为创造了日本零售业新价值的书籍而广受关注。

然后，时间来到了"2011 年 3 月 11 日"。

日本发生了"东日本大地震"。

受此次灾害的影响，日本人的生活方式和价值观念发生了极大的变化。

与此同时,"发挥女性力量""女性进入社会"等呼声也在日本此起彼伏。对于零售业而言,"新战略"同样迫在眉睫。

当时,日本很多企业都将《超市新常识2:激发顾客共鸣》奉为"圣经"。

这本书围绕企业要如何应对全新的社会秩序进行了具体阐释,获得了读者的压倒性支持。

而到了现在……

日本的零售业即将迎来"百年一遇的大变革期"。

迈入这个时代,过去的"常识"已经完全行不通了。

怎样应对"AI化"及"网上超市"等电子商务的发展?

如何面对"SDGs"或"可持续发展"的时代要求?

对于"少子高龄化"造成的人才短缺应采取何种对策……

在这个前所未有的时代即将来临之际,我们需要一本"指南"……

那便是《如何规划超市未来》。

与日本一样,中国未来或许也要面临经济方面出现的各种变化。

如此一来,零售业也必须做出改变。

在不久的将来,中国也可能出现"人口下降""少子高龄化"等问题。

为此也需未雨绸缪。

总序

相比于中国，日本已然经历了这些变化，并积累了一定的经验。

对于中国零售业的诸多从业者而言，现在可谓是学习日本的"应对变化"经验的关键时期。

零售业本就是"不断应对变化的行业"。

必须顺应时代的变化，持续改变战略或战术。而"知识与智慧"是改变的必备条件。

笔者坚信，在时代的变迁中，被日本零售行业人士奉为"圣经"的上述五本书，定能让大家掌握所需的"知识与智慧"。

若按照笔者介绍的顺序阅读本套书籍，想必大家便能全面把握"时代所发生的变化及应采取怎样的策略"。

衷心希望这套日本零售行业人士眼中的"圣经"也能成为中国零售业的"经典"。

希望大家能按顺序阅读这五本书。

在此深表谢意。

水元仁志

中文版序言

众所周知,日本已经进入了"衰退时代"。

"人口减少""生产人口减少(少子高龄化)""国民收入减少""国民生产总值减少"……

似乎一切都在衰退。

"衰退"到底意味着什么呢?

其实,它代表着只要持续创造"新的价值","旧的价值"很快便会失去意义。

原因究竟何在呢?

因为消费者的需求在不断减少,若继续提供同样的价值,就意味着在消费者眼中,这些价值将变得一文不值。

目前,中国尚未像日本一样置身"衰退时代"。

然而,在不久的将来,中国也必会迎来"衰退的浪潮"。

"增长时代"的战略在"衰退时代"根本行不通。

除非创造出新的价值,否则在衰退时代将寸步难行。

当今的中国仍然处于"增长时代"。

不过,在不断逼近的"衰退时代"真正来临之前,若能未雨绸缪,掌握"衰退时代"的战略,届时想必能让自己的企业"一枝独秀"。

更准确地说，若将"衰退时代"的战略融入到"增长时代"，就能实现具备压倒性优势的"蓝海战略（开创无人竞争的领域）"。

事实上，比起中小型零售商或地方零售企业，本书在日本更受大型零售商的欢迎。

因为企业规模越大，面临"衰退时代"的"危机感"也愈发强烈。

本书出版后，以大型零售商为中心，方方面面的"创新"竞相涌现。

这些创新主要聚焦在"价值创新"上。

"价值创新"的含义是什么呢？

其实是一种"为买家（消费者）提供前所未有的价值，并提高利润的商业模式"。

本书收录了日本所发生的"价值创新"相关技术诀窍。

"创新"需要时间。

更何况是"价值创新"，所需时间更长。

这就意味着，迅速察觉并实行"价值创新"的企业或将在10年后引领中国的零售业。

中国的超市行业（零售业）必将掀起一场"范式转移"。

"范式转移"的发生并不是显而易见的。

从外部看不见的地方悄然兴起，是范式转移的特征。

即使前往日本的超市行业（零售业）参观考察，恐怕仍有不少令人费解之处，本书能帮助读者有一个全面认识。

店铺的设计和布局虽然可以模仿，但要深入了解商品力和商家实力，仅靠参观考察是远远不够的。

相信本书是唯一一本能让读者彻底领会"日本超市行业（零售业）不为人所知的内在"的书籍。

"畅销商品"因国家而异。

不过，"思维方式"或"采购、销售方法"应该是世界共通的。

希望通过本书，能帮助大家掌握这些"思维方式"以及无法从参观考察中获知的"企业内在或软实力"。

并且，由衷期盼大家能尽早在企业内部引发"价值创新"。

正如日本一样……

期望本书能成为各位开启企业"价值创新"的契机……

做判断仅凭"经验",
企业经营苦不堪言

平成二十二年（2010年）5月，日本人口总数较前一年减少17万。

平成二十年（2008年），日本国内生产总值同比下降4.2%。

平成二十年（2008年），日本国民收入较前一年下降6.9%。

我无法判断，日本是否正处于"百年一遇的大萧条时代"。

但我敢断言，日本已经迎来了"前所未有的'衰退时代'"。

面对这"衰退时代"所带来的史无前例的冲击，大多数人不知所措。

与此同时，面对这样的情况，企业的经营者们又是如何应对的呢？

他们凭借着"过去的经验"做出判断，下达着工作指令。

尽管已经进入了一个前所未有的"衰退时代"，他们却依旧高喊"低价销售！"。

尽管已经进入了一个前所未有的"衰退时代"，他们却依旧坚持"降低价格!"。

尽管已经进入了一个前所未有的"衰退时代",他们却依旧主张"大力开发自有品牌(PB)!"。

这些措施,其实不过是日本人,确切地说应该是这些经营者,基于以往的"经验"思考出来的应对"手段"而已。

而且这些"手段"的实施,导致了"品单价的大幅下降"。其"下降的幅度"之大,通过努力提高客流量以及销售量也难以抵销。

另外,商品的低价销售,实际上并没有带来顾客数和销售件数的丝毫提升,日本超市行业的经营现状,犹如陷入了迷茫的无底沼泽。

德意志帝国宰相俾斯麦说过这样一句名言:

"智者从历史中学习,愚者从经验中学习。"

由此可见,那些相信"经验"、基于"经验"且依赖"经验"的零售行业的经营者,面对"衰退时代"所带来的冲击,正深陷水深火热之中。

因此,本书将从多个角度出发,为大家提出面对"衰退时代",我们应该采取的应对策略。

来自"衰退时代"这一怪物的侵蚀

当然,我在本书中所介绍的内容,并不能涵盖所有应对衰退时代的策略。

但至少通过本书,我想让大家学习到与如今日本超市行业中那些"常识"性的对策截然不同的应对策略。

也正因为本书介绍的是摆脱"常识"性的策略,所以对于那些认为只需"继续推行以往那些不景气对策即可"的企业,本书将毫无参考价值。

相反,对于那些对目前推行的应对策略,特别是其方向性上抱有"疑问"的企业和读者来说,这本书绝对具有参考价值,请务必读到最后。

在撰写本书的过程中,我强烈感受到,"新超市时代"已经来临。

那些迄今为止在超市行业中推行的模式(规范/案例/常识)已经行不通了,一场声势浩大的"模式转换"即将登场。

只有那些能够迅速"察觉"、进行"教育投资"、"果敢"推行改革的企业,才能在众企业中脱颖而出。

众所周知,销售额堪称世界第一的沃尔玛公司,1988年才投身进入食品市场,截至 1990 年末,其名下的食品超市门店也仅有 9 家。

然而 15 年后的 2005 年,沃尔玛食品超市就将门店数量扩大至了 1900 家。

在这期间,美国的超市行业又是如何发展的呢?

那些曾被日本超市称为"范本"的模范企业,如克罗格、西夫韦、艾伯森等,在这期间都一一陷入了经营困境,业绩恶化,甚至破产。

从沃尔玛正式进入食品市场开始,短短 10 年间,已有 31 家超市企业按《美国破产法》第 11 章的规定申请破产。

而且,这些超市都曾作为"范本"被日本人争相学习和模仿。

但这些美国超市的真实事例,我们只是把它们当作"远在大洋彼岸的闲话家常",听听就罢吗?

毕竟,日本也有可能和美国一样,迎来这样的时代。

只不过我们所面对的,并不像美国超市行业内所遭遇的"沃尔玛恐怖",而是未知的被称为"衰退时代"的怪物所带来的侵蚀。

也正因为如此,对于经营者乃至包括临时工在内的所有人而言,已经到了必须摒弃"过去的成功经验"并"重新学习"的时候。

通货紧缩时代，成就独赢企业

如今，是"通货紧缩"的时代。

"通货膨胀"的时代，社会上很难出现快速成长、一家独大的企业。相反，当"通货紧缩"时，则会有这样的企业脱颖而出。

究其原因，是通货紧缩为企业提供了能够进行"模式转换"的环境。

简单来说，就是"严峻的环境下，企业如果不做出改变，就会被逼入绝境"。因此，如果能够勇敢地实施"改革"，即使在"通货紧缩"的环境下，也同样可以创造出在"通货膨胀"时无法想象的高利润。

而之所以能够实现这样的高利润，是由于在通货紧缩时，几乎周围所有的"价格"都在下降。

因此，此时此刻正是千载难逢的"机遇"。

当然，抓住这"机遇"并成功的前提是不惧怕"改革"。

在这里，我再次为大家送上引用过多次的，来自达尔文《进化论》的这句名言，

"最终能幸存下来的人，既不是强者，也不是弱者，而是能

适应变化的人。"

我有一种强烈的感觉,"完全贴合这句名言的时代即将开启"。

对于各位读者、各位所在的企业以及门店来说,机遇就在眼前。

而机遇之外,就看您是否具备"正确的知识和信息"、"将这些知识和信息转化成智慧的**决断力**"以及"将智慧付诸行动的**勇气**"。

接下来,我将为大家提出应对"不断逼近的衰退时代"的各种新提案。

向美国超市学习变革

"人生的道路都是用心来描绘的。所以无论自己处于多么严酷的境地中,内心都不应为悲观的情绪所萦绕。"

(稻盛和夫)

在美国兴起的 7 股新潮流

"即便去美国超市进行了考察，回到日本之后，在美国的所学内容也完全没有用武之地，因此这样的考察学习毫无意义。"

在日本的超市行业中，这种论调已经存在很长一段时间了。为什么会存在这样的论调呢？

这是由于当日本超市还处于"起步"阶段时，需要我们从零开始，向美国学习的内容非常之多，包括店铺的业态、布局、管理方式、市场营销、新店战略等。

然而，当日本超市成功"效仿"之后，便开始认为"已经没有可向美国超市学习的地方"。但事实果真如此吗？

对此，我会这样考虑：

"美国的超市是如何与'怪兽级'企业沃尔玛实现共存共荣的呢？"

"当沃尔玛进军食品市场，导致市场份额减少时，这些美国超市采取了怎样的对策呢？"

"为什么美国超市能如此热衷'变革'，勇于实行'业态变革'呢？"

我认为，如果我们能从这些角度对美国超市加以分析，就会从中发现众多变革的灵感。

众所周知，美国是"自由的国度""竞争的国度"，是"弱肉强食的国度"。不像日本这样，在美国基本不存在"规则"的保护。

就是在美国这样的环境下，存在着一些业绩表现突出、美国民众热切希望加入的超市企业。

我想大家一定很好奇：为什么在美国能存在这样的超市行业？

我相信通过探究这一"疑问"，大家一定能收获企业"变革"的启发。

因此，我特意将美国超市变革的相关内容作为本书"第1章"的开篇。

通过学习美国超市行业的"发展趋势"，大家能更加清晰地看到今后前进的方向。

第1股潮流 "种族人口比例的变化"

如今的美国，正发生着七大潮流变迁。

第一股潮流就是"种族人口比例的变化"。

请各位参考图表①。通过图表我们能够看出，"美国＝黑人和白人"的人种构成俨然已成为过去。

图表① 美国的人种构成比

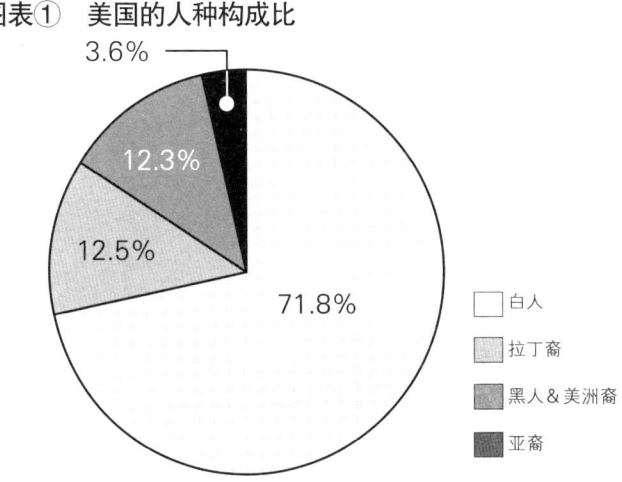

如今美国拉丁裔人口急速增加。

而且人口出生率之高,同 20 世纪 60 年代前半段的婴儿潮时期不相上下,也就是"新的婴儿潮时代"。尤其是 2006 年美国的婴儿出生率,创下了自 1961 年以来的出生率新高。

其中拉丁裔婴儿所占比例高达 25%。

据悉到 2050 年左右,拉丁裔人口数量或将超过 1 亿。

而且,这种人种构成比例的变化,使得美国超市的市场营销战略和企业经营方面发生了巨大变革。

在这样的背景之下,执着于贯彻"手册化""标准化""总部主导型"为主的"传统"型连锁店理论的凯马特、艾伯森等超市企业，都未能准确参透人口动态的变化并及时做出调整。

与其相反，沃尔玛"参透变化的市场应变能力"堪称卓越。

虽然人们普遍认为"沃尔玛＝传统连锁店"，但事实并非如此。

事实上，沃尔玛早就推出了"社区型超市战略（Store of the Community）"。旗下所有门店的业态和营销策略均可随所在区域及人种构成进行调整，也就是成功实现了"门店主导"的模式转换。

那么，沃尔玛为何能让其得以实现呢？

①在全美拥有约100所DC分拨配送中心，具有完备的配送系统。

②具备完善的以"零售供应链"为代表的信息系统。

③通过与供应商之间实现信息共享，敏捷高效地开展工作。

④拥有200种以上的货架陈列组合程序，构筑出了可根据地域、人种的构成、竞争店的不同调整货架陈列的系统。

正是因为构建了这4个方面的系统，沃尔玛成功实现了"门店主导"的经营模式。

读到此处，各位是否会认为"日本和美国不同，并非多民族国家，因此美国超市的发展变化与日本毫无关系"？

其实不然，事实上在日本也悄然发生着类似的变化。

这是由于日本已经进入了一个"衰退时代","差距"在逐渐显现。

比如"收入的差距""地区的差距""店之间的差距"都在不断扩大。

这意味着,为了更好地应对这日益扩大的"差距",眼下正是需要推进配送中心(DC)和加工中心(PC)变革的时期。

我们需要重新构建信息系统,推进公司总部以及采购模式的变革。

"连锁店体系下的'门店主导'"的时代已经来临。

面对不断逼近的"衰退时代",若不想重蹈艾伯森、西夫韦的覆辙,就必须意识到,仅依靠以往的"均衡化、标准化"的模式已经行不通了。

第 2 股潮流 "健康意识"越发强烈

美国民众对"健康"的关注度和日本同样,甚至可以说高于日本。

其原因在于美国的"医疗保险制度"。

众所周知,2010 年 3 月份美国刚刚制定了《医疗保险改革法案》。而在此之前,美国并没有适用于所有美国公民的医疗保险制度。

如图表②所示，过去只有特定人群才能享有医疗保险制度。

图表② 到目前为止的美国医疗保险制度

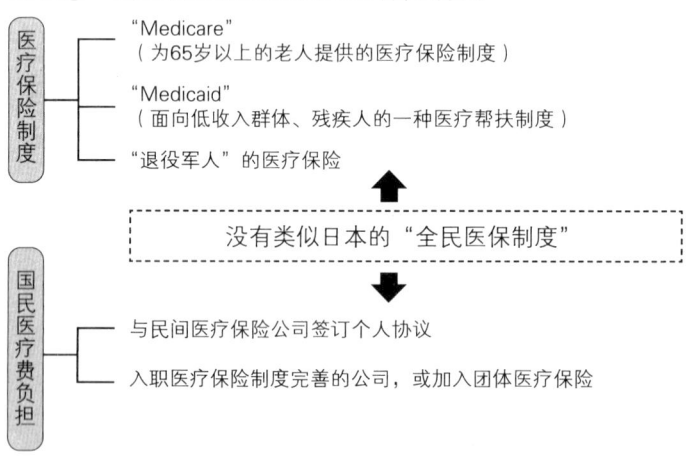

医疗保险制度
- "Medicare"
  （为65岁以上的老人提供的医疗保险制度）
- "Medicaid"
  （面向低收入群体、残疾人的一种医疗帮扶制度）
- "退役军人"的医疗保险

没有类似日本的"全民医保制度"

国民医疗费负担
- 与民间医疗保险公司签订个人协议
- 入职医疗保险制度完善的公司，或加入团体医疗保险

因此，绝大多数美国公民只能选择和民间医疗保险公司签订个人保险协议，或入职医疗保险制度完善的公司，加入团体医疗保险。

由此可见，相比于医保制度健全的日本，美国民众更加关心"健康"。然而，今后的日本也将会面临类似的问题。

这是因为，日本的国民医疗费用在持续上涨，每年甚至超过80兆日元，占整个国家支出预算的10%以上。

让我们把目光转回美国，当前美国的"三大健康问题"分别是：

①食物过敏。

②肥胖。

③生活习惯病（美国民众的3大死因，第1位脑梗，第2位心脏病，第3位癌症）。

由此使得以下几类美国超市深受顾客的喜爱。

①抗过敏类商品阵容齐全或此类商品的开发能力较强的超市。

②减肥瘦身食品阵容齐全或商品开发能力强的超市。

③由于熟食区中"民族特色料理"备受顾客青睐，此类商品种类齐全的超市。

④因为扩大那些被称为"健脑食品"的鲜鱼（鳕鱼、鲑鱼、青花鱼等）的卖场面积，品类齐全而深受好评的超市。

面对来势凶猛的沃尔玛，那些只将心血倾注在"价格对抗"上的"传统超市"和"巨头连锁超市"，在应对消费者日益高涨的"健康"需求上，行动是慢了半拍。

与之相反，全食超市、韦格曼斯超市等企业全力开发健康商品，并不断充实此类商品的品类阵容。

而且，这些超市由于凭借商品开发，确立了企业的"独特化"战略，所以得以在激烈的竞争中存活下来。

虽说有这样的成功案例在前，但我并不是鼓励大家"必须开展有机食品和天然食品的开发"。在此想和大家强调的是：

①应该进一步研究消费者的"消费趋势"。
②商品品类应依据"消费趋势"进行调整优化。
③应该推进符合"消费趋势"的商品开发工作。

日本超市行业中激烈的"折扣大战"仍有不断蔓延的态势，仅依靠低价真的就能维持经营吗？

我们已经见证了那些只是一味地通过"价格竞争"与沃尔玛抗衡的连锁超市的最终结局，应该从美国零售业的发展史中去学习领会。

第3股潮流 "女性进入社会"

美国的"职业女性"占据成年女性总数的73%左右。

日本"女性职业化"的程度也和美国相似，在成年女性总人数中占据的比例高达67%。

在"女性进入职场"这个大趋势下，美国零售业发生了具有划时代意义的变化。

这个变化就是"女性担任重要职位（即公司内部重要职位）的比例大幅增加"。

请各位参考下面的图表③，这是美国主要零售企业中"女性担任重要职位"的比例。通过图表，就能够看出女性"受重用的程度"。

图表③　美国主要零售企业中女性担任重要职位的比例

排名	公司名称	全体（人数）	女性（人数）	比例（%）
1	全食（SM）	26	7	27%
2	克罗格（SM）	20	4	20%
3	艾伯森（SM）	11	2	18%
4	Longs Drugs	42	6	14%
5	美国大众超级市场	29	4	14%
6	沃尔格林	20	2	10%
7	CVS	11	1	9%
8	PassMarket	34	3	9%
9	西夫韦	25	2	8%

与美国相比，日本超市企业现状如何呢？即便"职业女性化"的比例同美国相差无几，但日本超市企业中谈到"女性高管"，无非是企业总经理的夫人或是家族企业中的女性亲属。

但超市顾客的将近80%都是女性。

因此，今后我们必须提高企业中"女性的话语权"，必须认真思考"重用女性"。

要知道，女性有着男性所不具备的"多样性"，如果能够在"重要岗位"上对女性委以重任，那么企业战略必然会向着多样性的方向发展。

对女性的雇用不应该仅停留在"临时工"的层面,在采购、店长、管理人员等职位上也需要大胆起用女性,这也是今后面对多样性的时代不可或缺的重要手段。

也就是所谓的"Diversity(多样化)战略"。

通过女性在"重要岗位"上的活跃表现,过去只能从男性的"感性"视角出发的经营、门店运营、采购等环节,会通过女性的"感性"视角实现新的变革。

第4股潮流 "高涨的地区共荣思想"

如今,在美国也掀起了所谓"地产地销"的热潮。

产生这种现象有多种因素,其中最主要的是"可持续性"所带来的影响。

"可持续性(Sustainability)"直译过来是指"可持续性的社会生活"。

简单来说,就是指可以在"店铺所在地区的社会及当地居民"与"企业"之间,搭建一种"共存共荣的经济模式"。

这就要求企业在追求自身经济利益的同时,必须和当地社会的公共利益挂钩,以形成利益共享、共赢的局面。比如,

①考虑到燃油价格上涨,以及国际上对大气污染加剧问题的关注,丰田汽车公司开发出了可以满足两者需求的油电混合动力汽车"普利乌斯(Prius)"。

②在欧美,那些销售天然食品与有机食品的超市,下架了转基因的食品。

在这样的背景下,大家可以将如今在日本超市中流行的"地产地销",也看作这种"可持续性发展战略"的一环。

今后,日本的生活者(消费者)将会从追求"物质的富足"向追求"内心的富足"转变。对于现在的日本消费者而言,已经能充分享受"物质带来的富足",因此今后他们更愿意通过消费,来追求"内心的富足"。

这样的时代来临之际,那些具有"地区共荣思想"、尽早开展"可持续性发展"战略的企业必将获得消费者们压倒性的支持。

第5股潮流　HMR的"饮食娱乐化"

如今,美国主妇们的平均烹饪时间"大约为25分钟"。烹饪时间如此之短,这在日本简直无法想象。

但是,前面我们已经提到,日本成年女性中"有67%是职业女性",随着时代的变迁,日本也有可能迎来这样的时期。

由于美国"女性进入职场"以及"老龄化社会"(这一问题在美国也已显现)的影响,美国的超市行业中衍生出了新的战略。

这就是,由"外卖餐食 HMR(Home Meal Replacement)"向"饮食娱乐化(Eat+Entertainment)"的方向进化。

而"饮食娱乐化"战略也成为美国超市"对抗沃尔玛"的撒手锏。所谓"饮食娱乐化",具体来说就是:

· 通过超市卖场中的开放厨房(Open Kitchen),打造"有吸引力的卖场"。
· 通过开放厨房,打造能够"刺激顾客五感"的卖场。
· 设置时尚且具魅力的美食区。

等等措施。可理解为是一种在味道上超出普通超市"熟食"的水平,环境上达到"餐厅"或"主题美食区"水准的战略。

在这一点上美国超市和日本超市有着非常大的区别。

美国超市中精致熟食的"标准"是,达到餐厅同等水平的口味,拥有和餐厅同等舒适的环境。

而日本超市的熟食,依然停留在"家常味道"的延续上。

因此,那些意识到"应从提供食材向提供升级进化的熟食方向转变"的企业,并使其实现"系统化""效率化"的企业,才能采取这种具有压倒性优势的"独特化战略"。

从超市行业竞争激烈的美国的现状中,我们可以得到的启示是"对抗沃尔玛超市的王牌策略,就是精致熟食的进化和变革"。

各位所在的熟食部门也即将进入"大变革"的时期。

第6股潮流 "大业态向小业态的转变"

所谓"小业态变革(Small Format Revolution)",是指美国一些巨头超市企业都在着手开发面积600坪(2000平方米)以下的小规模业态,比如,

沃尔玛公司旗下的"沃集鲜(Marketside)"。

乐购公司旗下的"新鲜与便捷(Fresh & Easy)"。

全食超市公司旗下的"全食Express"。

西夫韦连锁超市公司旗下的"The Market"。

但是,在此我要提醒大家:

千万不要误以为"日本也会变成这样",所以轻易开展"小业态变革"的战略!

请各位认真思考一下,"美国的超市规模往往大到惊人"。之所以向这种"小业态"转型,是因为从商圈辐射距离考虑,

超市的适当规模需要达到"600坪（2000平方米）"。

那么，我们是否就可以认为日本的地方性超市的面积也应保持同等规模，"至少需要600坪（2000平方米）"呢？

不过，绝不是暗指这种100~300坪（330~1000平方米）应被看作"小业态（Small Format）"。

这点请各位不要误解。我坚信，今后日本的地方性超市必然会朝着"大业态变革（Big Format Revolution）"的方向迈进。

这是由于根据日本《药事法改正》等相关规定，今后超市也可以开展日常药品的销售。再加上"饮食娱乐化"等原因，今后日本超市的卖场必然需要更大的面积以实现完善扩充。

因此，我认为对于美国时下流行的"小业态变革"，我们必须将其当作一种"反论"来看待。

反倒是那些综合超市、购物中心、百货的"小业态变革"①，已经到了需要以600~800坪（2000~2640平方米）的超市来实现变革的时候。

我认为，眼下已经到了我们再次向美国超市学习店铺战略和业态的时候。

---

① 当然，一部分城市因无法确保600坪（2000平方米）的卖场面积，应被看作例外。

第7股潮流 "人材培训投资型企业"更加强势

以人作为财产来考虑时，称作"人财"。

以人作为原材料来考虑时，称作"人材"。

以人作为有罪因素来考虑时，称作"人罪"。

针对"人"的这三个词语中，对企业来说最需要的当然就是"人财"。

有别于沃尔玛的战略，在白热化竞争中生存下来的美国超市，无一例外都采取了"培训投资"和"人财培养"的战略。

而沃尔玛公司，在进军"食品市场"后，也彻底开展了"培训投资"。

顺便一提，当企业的业绩下滑、经济不景气时，美国企业就会加大人财培训的投资力度，这可以说是美国企业的一种文化。

之后，经企业投资培养出来的"人财"，就会不断思考"独特化战略"，并加以实施。

然而，日本截然不同。当企业陷入业绩困境时，一定会削减"培训成本"。

之所以会这样,是由于日本企业并未把人材培养视为一种"投资",而仅是当作一种"成本"。

相比之下,美国的那些开展独特化战略的企业,却100%地将人材培训定位为一种"投资"。

当然,也许是日本的培训方式有误。

要知道,日本企业的培训方式无非是学校教育的延伸,也就是"死记硬背"的延续。

美国企业的培训方式则是MBA式的学习。

也就是让员工通过大量的"案例分析",在独特化的业态开发、营销企划MD战略、商品品类、培养部下等方面不断进行思考,并"提出解决方案"。

企业的经营层则是不断采纳这些"提案",并鼓励员工大胆尝试挑战,即所谓的向"新事物"不断发起挑战。因此,美国的企业就会表现出,越是业绩萎靡不振,越会加大"人材培训"的投资力度。

今后,日本也将进入"人材培训"投资的时代。培训方法也应转向"MBA"式的学习,需要从以往的"死记硬背"式的培训向"思考"型的学习、"创造"性的学习进行转换。

唯有察觉到这一点的企业,才可能成为新型未来超市的领军者。

美国超市的"独特化战略"

在前面的内容中经常提及"独特化战略",那么,"独特化战略"应如何理解?

美国哈佛大学市场营销专业的权威人士,迈克尔·波特教授提出"企业若想在激烈的市场中获得并保持竞争优势,就需要从三种战略中做出选择"。

第1种独特化战略是指"成本领先战略"。

凭借这一战略以压倒性优势成功打造出独特性的企业当数"沃尔玛"及"好市多"。

在迈克尔·波特教授提出的战略方程式"价值 Value =(Q+B)÷P"中,分母 P(价格)要彻底实现低价的绝对优势,这就是"成本领先战略"。

第2种独特化战略是指"卓越化战略"。

也就是,企业尽量将战略方程式中的 Q(品质)或者 B(收益-企业收益/顾客收益)提到非常高的程度,或是两者都保持极其高的状态,是一种不需要通过价格竞争来突出独特化的战略。

通过这种战略获得成功的典型企业,就是全食超市和韦格曼斯超市。

第3种独特化战略是指"集中化战略"。

这是一种主攻某个特定市场或客户群,将目光聚焦于成本以及顾客的价格诉求上,从而打造出具有压倒性优势的独特化战略。

凭借这一战略获得成功的企业代表是乔氏超市(Trader Joe's)。

各位请结合迈克尔·波特教授的"战略方程式",审视一下自己的企业适合选择哪种战略。

是选择"成本领先战略"来打造独特化?还是选择"卓越化战略"?或是通过"集中化战略"来突出独特性呢?

感觉难度很大吧?是不是有不少企业既选择这个战略,又选择那个战略,最终都是半途而废呢?

在过去的"高增长时代"中,也许能"借着东风"平稳发展。

但是,如果企业的战略处于半途而废的状态,就无法适用于接下来的"衰退"时代。

正如全食超市、韦格曼斯超市、大众超级市场,之所以能够在激励的竞争中存活下来,并不是因为店内摆放着有机食品和天然食品,也不是因为熟食产品更有优势,更不是因为员工的热情更高。

而是因为这些企业的"独特化战略"非常明确,所以在竞争中实现成功突围。

如果不能彻底理解这一点,企业就会朝着错误的方向发展。

顺便强调一下,说到底是要实现"独特化",而非"差异化"的程度。

因为差异化的程度,不仅战略很难明确传达给顾客,而且很容易被竞争店效仿抄袭。

因此,我们必须将战略提升到"卓越化"的程度。

而成功实现这种"卓越化战略"的典型企业,当数全食超市。

全食超市为什么能成功?

需要特别强调的是,全食超市中"天然食品"和"有机食品"的品类占比高达50%。

这是因为全食超市为了对抗以"规模经济"占据压倒性优势的沃尔玛,针对有空隙市场的天然食品和有机食品领域采取了这种瞄准"临界量"①的品类战略。也就是通过"范围经济"来保持企业的竞争优势。

---

① 当销量超过一定的量时,收益会急剧增加,市场认知度也会急剧上升。

不仅如此,全食超市还针对沃尔玛最大劣势的"熟食部门",推出了"餐食的解决方案(Meal solution)"。

例如,全食超市针对奶酪、红酒等需要专业知识储备的品类,培养了一批专业的销售人员,在蔬果部门导入"地产地销"策略的同时,推行了地区贡献等"可持续性"战略,以此来凸显全食超市的独特性战略优势。

像日本超市那样,通过完全效仿"繁荣店"而"成为第二的战略(或渔翁得利战略)",在全食超市中完全看不见踪影。

正是因为坚持这种"挑战新事物"的精神,以及有意识地推出"独特化"战略方案,全食超市才能够完全有别于沃尔玛。

另外,在经营层面上,"经营理念(Mission)"的清晰明确也是全食超市的强大之处(参看图表④)。

明确经营理念,不仅适用于超市行业,也是所有行业中成功实现"独特化"企业的共通之处。

那么,各位所在的企业中,是否也存在能够让所有员工引以为豪的,"我们公司就是这样的企业!"的经营理念呢?

因为只有全体员工理解公司的经营理念,才能将这一经营理念通过卖场及商品实现具象化。也只有对卖场及商品不断地进行"改善、改革、进化",才能保证企业在激烈的竞争环境中实现持续发展。

全食超市另外一个令人称道的地方在于,最大限度地发挥

图表④　全食超市的独特化战略

> "Whole Foods is All teams"
> （组织不应该以门店为单位，而应以团队为单位）
> 在全食超市的现场，我们需要赋予员工两方面内容，那就是为顾客做出正确行动的自由，以及为确保企业收益做出正确决策的奖励。
> （全食联合创始人兼CEO 约翰·麦基）

①理念主导型企业=全食超市

理念：我们希望出售的商品，尽可能符合严格的品质标准，同时能对农业的可持续发展做出贡献

②全食超市的企业家精神

对员工间竞争以及在薪酬方面实施奖励

⬇

权力下放至员工，激发自主性

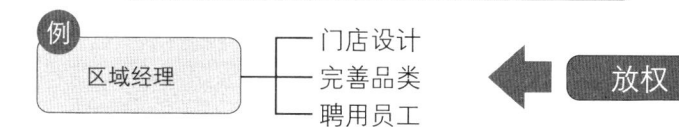

例　区域经理 ── 门店设计／完善品类／聘用员工　⬅ **放权**

a. 30天试用期结束后，通过投票决定新员工是否正式聘用
b. 团队奖金通过每4周一次的"团队经营效率评审结果"来决定
　（因此团队成员需认真评价新员工的能力）
c. 员工（团队）间自主开展提高经营效率的相关工作

员工的"个人综合实力"。

总之,企业完全放权给现场一线的负责人(区域经理或店长)。

而且对负责人开展"责任"追究及公正的"评价"。

比如,新入职的员工是否能被正式雇用,需要在30天的试用期结束后,由所有员工投票决定。

这是由于"新人所在团队"的奖金是由每4周一次的"团队经营效率评审结果"决定。因此团队在采用新人方面也会变得慎重起来。

此外,全食超市还把团队的经营效率,奖金评审的方法和结果,以及全体员工的薪酬待遇全部公开,以此来提高员工的"工作热情"。

不仅如此,全食超市还不忘"培训投资"。

除了让员工学习相关专业知识,还鼓励学习专业领域以外的知识,在"全面学习"上不惜重金投资,以此来强化员工的"人品和个人综合能力"。

就像这样,全食超市在提高员工的"士气"上全力投入,特别是对那些以门店卖场为重心,奋斗在"现场一线"的人。

各位读者所在的企业虽然也经常强调"现场能力的强化",那么是否确立了"放权"→"责任明确化"→"合理评价"这样的流程呢?

无论什么人，如果能被授予权限、明确责任并被给予合理的评价，自然就会主动自发地行动。

正所谓"做给他看，说给他听，让他尝试，给予赞美，才能打动他人"（山本五十六）。

而对此忠实实践的正是全食超市。

效仿美国超市的"新常识"

如今美国国内的沃尔玛超市大约有150万员工。

美国的就业人口总数大约为1.54亿，也就是说每100人之中，就有1人在沃尔玛超市工作。

如此看来，沃尔玛已经不是一家普通的"企业"，可称得上"国家级"的企业。

如此巨大的企业以"规模经济"的优势、通过成本领先战略进军食品市场，必然会使那些"传统型超市"难以存活下来。

幸运的是，在日本超市行业中，还未出现类似沃尔玛这样的"怪兽"。

这意味着日本超市行业正处在一种类似于沃尔玛进军食品市场之前的美国的状态。因此各位不要持有"眼下没有问题"的侥幸心理。当超市行业中真的出现了这样的"怪兽"企业，以迅猛之势开店扩张的话，我们该如何是好？

若不能未雨绸缪，当我们察觉之际，恐怕为时已晚。

我曾强调过多次，全食超市、韦格曼斯超市、大众超级市场等企业的做法是建立"独特化战略"，并且经常对这一独特化战略进行"改善、改革、进化"。

这些超市企业为了能与占据"规模经济"优势的沃尔玛抗衡，选择了那些符合"范围经济"的品类作为一决胜负的招数。此外，这些企业还通过"最大限度地发挥员工的个人综合实力"，在服务、专业知识、商品力等方面进行战略布局。

因此，各位的企业也必须建立这样的"独特化战略"。

难道还想重蹈美国那些衰退的"传统型超市"的覆辙吗？

如果还是一味地主张"超市就应该如此！"，所谓的"应该论"，那么最终醒悟的时候恐怕已经沦为"炮灰"。

我经常强调，"要基于常识挑战非常识"。

这就要求我们首先能深入透彻地理解常识，之后要思考对这个"常识"彻底进行"否定"。"这个常识真的对吗？"通过像这样对常识持有疑问，就能诞生出新的常识。

当然"独特化"绝非"一朝一夕"能构建的，可能需要经历多次失败。

但是，如果现在不将构建"独特化"提上日程，就有可能"为时已晚"。

您是否考虑过"独特化战略"呢？

虽然，美国和日本的文化不同、习惯不同，国民性也不同，但"思维方式"在世界范围内共通，决定了我们可以向超市行业发达的美国进行学习，再结合日本的国情，将所学知识付诸实践。

让我们一起努力挑战，成为日本的"大众超级市场"、日本的"全食"、日本的"韦格曼斯"以及日本的"乔氏"！

第 2 章

日本超市现状
所带来的启示

"预测未来的最好方法,就是创造未来。"

(英国物理学家丹尼斯·加博尔)

勿将"低迷"和"消费低迷"混为一谈

我将现在日本的经济状态称作"消费低迷"。

请各位注意,"消费低迷"的概念并非"萧条"。

接下来,我将阐述将其定位于"消费低迷"的理由。

理由1　日本国民的储蓄率在上升

2008年日本国民所得相较前一年减少了7.1%,但家庭的储蓄率同比上升了1.0%。

从这一点可以看出,日本国民越来越"不愿意花钱消费"。

因此,百货商店、综合超市、食品超市、便利店、餐饮行业无一例外,遭受到了销售额下降的打击。

与日本不同,美国国民则几乎都没有存款,他们的储蓄率甚至没有达到1.0%。

理由2　生活者的"心理影响"和购买力(消费力)低迷紧密相关

请各位参考图表⑤,这是2009年连锁店的销售业绩。通过图表可见,销售额下降幅度最大的月份是11月份。为何会产生这样的现象呢？

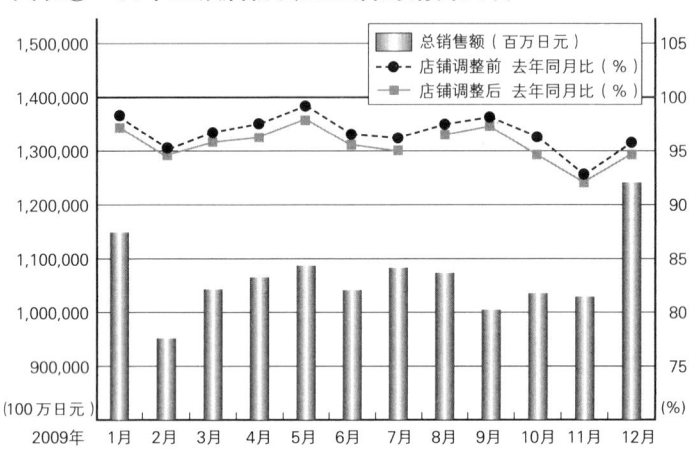

图表⑤　日本连锁店协会加盟店的销售实绩

这是由于，媒体在这个敏感时期，都大肆报道"年底奖金大幅度减少"。这些报道让人们产生了"消极想法"，引起了"适得其反的效果"。

"我家老公的奖金会不会也减少啊？

"家里还要靠奖金还贷款呢，实在是担心啊。"

正是人们的这种不安心理，导致购买力和消费力呈现出了低迷的状态。

"不需要的东西不会买。

"东西不能多买。

"尽量挑便宜的买。"

消费者会出现这样的购物心理。

理由 3　国民收入所得降幅小

请各位再参考图表⑥。这是"百年一遇的大萧条"所引发的美国与日本的国民收入变化的示意图。

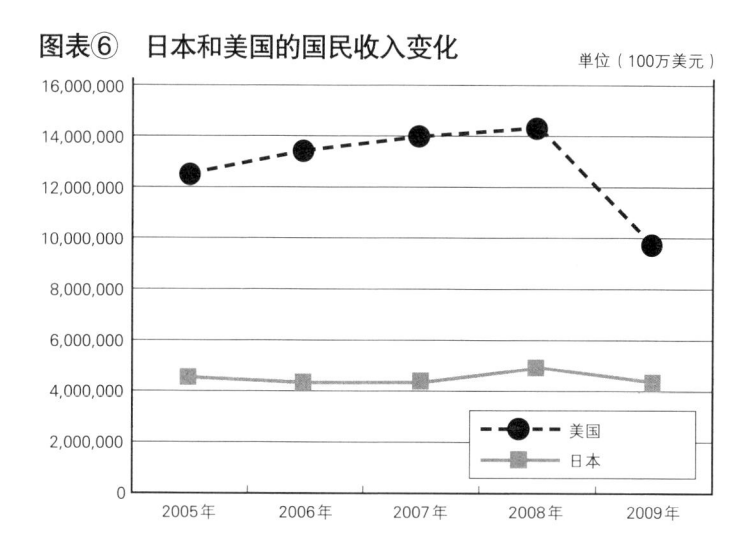

图表⑥　日本和美国的国民收入变化
单位（100万美元）

从图表⑥可以看出，美国的国民收入出现了大幅下滑，同比下降了约30%。

与之相比，日本的国民收入虽然也有下滑趋势，但降幅较小，下降幅度仅为7.1%。

虽然收入下滑，日本国民的储蓄率却有所上升，这从侧面体现了日本国民"越发不愿意花钱消费"的特点。

从这些方面即可看出，日本的经济状况虽然此番被称为日本"百年一遇的大萧条"，但并非指日本整体经济的"萧条"，而是更加强调日本国民所表现出的"消费低迷"的倾向。

因此，"萧条=打折降价"这样的固定策略，在这种背景之下显然是徒劳无功的。

但是，各位也一定会有这样的疑问吧：

"话虽这么说，但现在食品折扣店的生意不是很红火吗?"

其实这是与"前一年相比较"而产生的错觉而已。

2008年受到一些食品中毒事件的影响，食品的"安全、安心、信用"问题被放大，食品折扣店的生意受到了不小打击。

因为与作为分母的前一年整体较差的业绩数字相比，会产生今年的业绩形势一片大好的错觉，所以，千万不能"轻易实施低价销售"，这可能会引发"企业经营体质的脆弱"。

当然，我并不是说绝对"不能低价销售"。

"低价"确实是关键词，是核心，这点毫无疑问。但是我们"不能被动地加入价格竞争"，而应该"策略性参与价格竞争"。

所谓"策略性参与"，是指在进行同质化商品的价格竞争时，也要推销那些"非同质化"的商品或竞争店所没有的商品。

可能有人会说"那怎么可能做到便宜销售呢?"，但这种意义上的"便宜"确实存在，我将在第3章以后的部分进行详细说明。

在这里，首先希望各位能理解"萧条"和"消费低迷"之间的区别，并且认识到现在的日本正处于"消费低迷"的状态。

这种概念认识上的"不同"，导致今后的战略会发生巨大变化。

"通货紧缩"不同于"螺旋式通货紧缩"

那么，什么是"通货紧缩"？

对此，《广辞苑》中这样解释：

"一般是指物价水平普遍持续下跌的现象。通常是由紧缩性的货币政策、金融梗阻、生产缩小、失业人口增加等原因所引起。"

简单概括，通货紧缩就是"物价下降"的意思。那么，现在的日本处于"通货紧缩"的状态吗？

实际上，并不是这样。现在的日本处于"螺旋式通货紧缩"的状态。

那么，什么是"螺旋式通货紧缩"呢？

就是指"物价下降与经济不景气（萧条）同时发生的状态"。

即"螺旋式通货紧缩=物价下降（通货紧缩）×不景气（萧

条)"。

那么,通货紧缩与螺旋式通货紧缩之间的区别是什么呢?

简而言之,通货紧缩是一种"只要降低价格,商品就能卖出去"的状态。

然而,螺旋式通货紧缩是"即使降低价格,商品也卖不出去"的状态。

这是一种"奇怪的现象"吧?按照通常思维来考虑的话,"只要降低价格,商品就能卖出去"。

但是如今,这种"常识"性的思考已经不再适用,也正因为如此,才会陷入严重的"消费低迷"状态。

然而,这种"螺旋式通货紧缩"状态,并非只能带来弊端。

如果我们彻底理解了"螺旋式通货紧缩"状态,就可以实现"采购变革",进一步说,即可以实现采购方面的"模式转换"。

"商品即使便宜也卖不出去",从市场原理来说,就是需求和供给之间的平衡已被打破。

这种供需平衡一旦被打破,必然会造成"商品的停滞"。

而在这停滞不动的"宝藏"中寻宝,就是采购们的职责。这意味着,在商品"采购"方面存在着巨大商机。

另外,从百货店的"销售不振"、礼品的"销售不振"可以看出,高价商品完全卖不动。

换个角度来看，越是高价商品，其低价销售的可能性也就越大。

因此，意识到这一点的企业就可以在"螺旋式通货紧缩"的状态下，实现商品单价和销售额的双增长。

总而言之，同样是"螺旋式通货紧缩"这种状态，因思维方式的不同，结果会截然不同，既能成为单价下滑的无底沼泽，也能成为实现高收益、高销售额的巨大商机。

从"消费者时代"向"生活者时代"转变

超市这种业态，正式在日本开始兴起大约在 50 年前（20 世纪 60 年代）。

在这 50 年中，特别是自 20 年前的泡沫经济崩溃以来，"生活者的价值"发生了巨大的变化。那么，具体发生了哪些变化呢？

①从"高度成长期"向"低速增长过剩时代"转变

在日本经济处于高度成长期时，所谓的"卖方市场"更具有价值。

因此，企业根据连锁店理论构建系统的同时，只要不断拓展"新店",商品就一定能畅销。

因此,那些**在"卖方市场"的争夺战中获胜的企业,就会不断扩张势力版图**。

但是,随着高度成长期的结束,日本逐渐步入了少子老龄化及人口减少的时代,这种"卖方市场的价值"战略就失去了原有的意义。

今后将是"低速增长过剩"时代,也就是"衰退时代",是"供给过剩"的时代。

因此,在"消费力减退"的时代,要想提高销售额,就有必要"创造出新的需求或价值"。

而且,在"衰退时代",必须从过去的"扩大市场"的战略,向"扩大市场份额"的战略转型升级。此外,消费者们也期待企业能够从提供"一边倒的低价格"商品转变为提供具有新"价值"及能够满足新"需求"的商品。

即从追求"物质的富足"转向追求"心灵的富足"。

如果不能深刻理解这一事实,企业就可能朝着意想不到的方向发展。

②**从"消费时代"转向"节约时代"**

在"高度成长期","消费是美德"。

如果是在"越消费就越带动消费"的时代,"便宜"最具有价值。

可如今处于"消费低迷"的时代,是"衰退时代"。

而且,我们可以充分预见到即使过了消费低迷期,人们也可能出于对未来生活的不安,而更倾向于"节约意识"。

于是,人们就会产生这样的购物心理:"那些不需要的商品,即使价格再便宜,如果不需要也不会购买。"

为此,我们说今后将会发生巨大的转变,将从"商品消费"向"故事消费"的时代迈进。

人们在购买商品时,相比"商品的价值",更注重附加在商品上的"情感价值"。

在此,请各位务必认真领悟,如今我们已经进入了一个"节约时代=故事消费"的时代。

③从"消费者"时代转向"生活者"时代

如今我们俨然已经进入了低速增长过剩的时期,再加上即将成为人口减少和少子老龄化时代(衰退时代),"消费是美德"的概念已经不再适用。因此,人们就会表现出这样的购物行为:

开始追求"购物"行为自身的价值。

"由于我参加了垃圾减量运动,所以不会购买多余的商品。

"我现在特别关注慢食运动。

"为了孩子们能有一个美好的未来,我现在只购买不含添加剂和人工色素的商品。"

过去我们一直用"消费者"这个称谓,如今已经不再适用,**今后应该是"生活者"的时代**,是生活本身被赋予价值的时代。

而人们眼中的"购物行为",也不过是为生活赋予价值的一个环节。

如今买方决定商品便宜与否的"标准"

现如今,生活者们都在思考"如何才能以更低的价格,购买对自己更具价值的商品"。

"自己才是主角"的时代已经来临。

追逐市面上流行和趋势的时代,持续了很长一段时间。也就是所谓的"流行是主角"的时代。因此,在流行当道的时代,商家只要紧跟"流行和趋势",就可以实现商品的畅销。

但现如今,人们的需求逐渐变成了"对自己来说有价值的商品是什么?"。

因此人们在消费上会逐渐转变成这样的购买模式,那些"对自己有价值的商品",如果是自己能认可的价格就愿意购买。

那么,从"流行是主角"变成"自己是主角",会产生怎样的变化呢？

那就是"商品便宜的标准"将由买方来决定。但变成"流行是主角"时，则是卖方具有"商品便宜的标准"的话语权。

即使商家强调"我们的商品卖得很便宜！""我们已经控制加价，卖得很便宜！"，但由于便宜的标准是由买方来决定，所以如果买方"感觉不到便宜"，就不能被认为便宜。

这意味着，今后作为卖方必须开展类似这样的"提案"才能吸引顾客："如果购买了这款商品，就能实现令您满意的饮食生活！"

传统的那种一成不变的"此款商品，火爆畅销中！"的"提案"已经无法吸引顾客。

另外，商家还要改变商品的宣传方式，需要从强调"这款商品非常便宜！"的"绝对便宜"，转变成"这款商品和以往商品相比的话，虽然更能满足您的需求，但换算成单份价格的话，与以往的价格几乎相同！"，像这样强调商品的"相对便宜"。

只要能理解"自己是主角"的时代已经来临的事实，企业在今后的商品营销 MD 企划、商品提案以及促销等方面就会发生很大的转变。

另外，还有一点值得注意。

当今的生活者出现了这样的变化，"变得越来越不喜欢持有、不愿意购买,对物质的需求越来越少"。

这种现象在"以旧换新的促销"企划案中表现得尤为明显。

所谓"以旧换新的促销",简单来讲,就是人们将不穿的衣服拿到店铺回收,然后再用回收换成的钱购买新衣服的企划活动。

结果,这一活动获得了巨大的成功,非常受顾客的欢迎,这体现了当今这个时代消费的特点。

要知道,在今天物质泛滥的时代背景下,由于人们的居住面积狭小,不仅衣物,包括家具和家电在内的各种物品都很难收纳,所以当企业推出"我们可以帮您收纳整理"的企划时,瞬间就触发到了顾客"心中的那根琴弦",自然就非常受顾客的欢迎。

可能有人会对此提出反对意见,"食物的话,就不可能采用这样的做法"。

但是,请各位看看自家的冰箱和厨房的橱柜。

在冰箱里,虽然特意买了一些"半价促销的冷冻食品",但由于家人不喜欢,它们就一直被冷落在冰箱的角落里。

再看看我们厨房的橱柜,尽管家中还有存货,但由于看到超市的每日特价商品,就会想"反正不会变质,买来先囤着吧",结果就引发了冲动购买,导致这样的商品在柜橱中一放就是好几年,而且是好几个。

基于这样的背景，超市中的那些食品杂货、冷冻食品中的特价商品，就无法再起到吸客引流的效果。

杜绝浪费，"不买无用的商品"

根据 2008 年日本零售协会和专门研究女性市场的公司"（株）Her Story"共同调查的结果，"对环境、节能方面非常关心、比较关心"的人数占总调查人数的 73.5%。

如果再加上"对环境、节能关心程度一般"的人数，占比则上升至 99%。

答卷中对环境、节能完全不关心的人，仅占 1%。

另外，虽然大部分人不会主动积极地去查找"环境、节能"的相关信息，但是约 28% 的人回答"只要看到有关环境及节能的新闻或信息就一定会收集"，约 60% 的人回答"收集环境方面信息的程度与其他社会活动基本相同"。

大家能理解这样的结论意味着什么吗？

人们在家中能实现的"环境贡献"和"社会责任"，绝不仅限于使用环保袋。

比起环保袋，他们更注重"不浪费""不做无用功""不购买无用的商品"等环保意识。

而且今后,"环境贡献"和"社会责任感"等意识将会越发高涨。

相信各位自身也是如此。

但是,即使是这样,如今超市行业依然受困于"过去大量消费时代所遗留下来的'诟病'"。

我一直都在呼吁,如今已经从"商品消费"向"故事消费"的时代转变,商家必须打造"商品价值的可视化"。

过去,当遇到经济低迷时,企业的经营层势必会提出"让顾客满意"的口号。

但如果商品提案仅达到"让顾客满意"的程度,就无从满足今后的生活者(消费者)。

比如,我们思考一下:"为什么大家喜欢去百元店呢?"

按照过去的想法,去百元店购物的理由是"仅用100日元就能买到各种各样的商品"。

而在今天这个时代,之所以选择去百元店,是因为"百元店的商品质量也不错,所以要去百元店淘一些能让身边朋友都羡慕的'宝贝'"。

我将这样的程度称为"感动顾客"。

今后能否激发顾客的消费欲望,完全取决于企业能否向顾客提供出这样的"感动"。

"前阵子,我试着买了澳大利亚产的杧果,价格才只有国产杞果的十分之一。实在是太好吃了！我的孩子转眼就全吃光啦，还跟我说'妈妈，下次还要买哦！'。看来他最近是迷上杞果啦。"

像这种对话，在今后的时代将会成为主流。

过去，由于家庭成员多，母亲烹饪主要考虑的是要量多。

而今后的社会将以小家庭为主，因此不需要再考虑量多，况且如今已经进入了一个"饱食"时代。

所以，母亲烹饪的目的是"希望看到家人们幸福的笑脸，听到家人们开心且感谢的话"。

好市多（Costco）在日本成功的理由

其实，这种"感动顾客"在现实中已经表现得非常明显。

我们以"西红柿"为例。

为什么一个卖到150日元甚至200日元的小西红柿会如此畅销呢？

仅是出于人们希望品尝到"美味可口的西红柿"吗？我并不这么认为。

"我家的孩子几乎不吃蔬菜，所以我决心买这种水果西红柿试试。结果，孩子高兴地对我说'真好吃！真好吃！'并且开心得全都吃光啦。

"虽然价格比较高,不过每次买西红柿的时候我都会来这家店!"

就像这样,因为"感动顾客"而实现了商品的畅销。

当这种"顾客感动"通过街谈巷议不断扩散开来时,门店自然就会成为压倒性的"人气旺店"。

而且,这种"感动顾客"的提案,其实很容易通过"口碑"扩散,因为顾客很希望把这种"感动顾客"的商品"在朋友面前好好炫耀一番"。

那么,在您的企业中又存在多少种像这样"感动顾客的商品"呢?"可视化"又达到了怎样的程度呢?

请各位尝试以"打造感动顾客的商品"作为切入点,重新审视一下自家店所经营的商品。

这样的话,就能意外地发现,有的商品未能做到"可视化",或者店里根本就没有这种能"感动顾客的商品"等。总之,打造人气旺店的线索可能就蕴藏于其中。

事实上,在日本已经出现了这种十分"感动顾客"的企业。

那就是好市多。好市多采用的是"会员制仓储批发型俱乐部"形式,最初入会时需缴纳"入会费"。

如果是个人会员,就需要支付"4200日元(含税)"的入会费。

但是，即便需要缴纳入会费，希望入会的顾客也是层出不穷。

一到了周末，顾客更是蜂拥而至，为什么会如此人气爆棚？是因为价格便宜吗？

当然，价格便宜是其中一个原因。毕竟店里确实有"价格便宜到让人感动"的商品。

但是，更主要的原因是好市多属于"仓储批发型俱乐部"，所以每款商品的分量都很大。

1999年，好市多一号店在九州福冈正式开业，当时一些业内人士曾经这样评论，"日本人不需要这么大的量，这种大包装分量的商品在日本肯定是卖不动的"。

可结果又如何呢？如今好市多得到了顾客压倒性的支持。

顺便一提，我的家人都是好市多的忠实粉丝，虽然是一个三口之家，的确不需要那么多的量，但还是会不停地购买。

之所以这样，是因为我们会分给亲朋好友，也就是和他人"共享"，因此，即使量多也没有关系。

好市多受到欢迎的另一原因是店内的"宝贝"种类繁多。

"哎?! 还有这样的商品？竟然还这么便宜！简直难以置信！"

在店内随处都能听到这种来自顾客"感动"的声音。

这就是真正意义上的"感动顾客"。

而业内人士对好市多这样评价:"由于导入了每日低价(EDLP)策略,赢得了顾客的支持""开市客在低成本运营上表现非常出色"等。

但是我认为,生活者"如此支持好市多,绝不仅是出于价格便宜","是因为生活者在店内体会到了购物的惊喜和感动,这才是好市多赢得人气支持的真正原因"。

"优衣库(UNIQLO)"为何能脱颖而出?

在今天如此"消费低迷"的时代背景下,比食品行业陷入更为艰难困境的行业就是服装业。

但在服装业中,却有一家企业逆水行舟,"独占鳌头",这就是"优衣库(讯销公司)"。

我认为,从"优衣库的战略"中可能会找到一些应对消费低迷的灵感,于是从2008年左右就开始对这家企业重点关注。

咨询师和媒体记者们经常会这样评价优衣库的成功:"由于优衣库是一家典型的SPA(制造型零售)企业,所以能为消费者平稳供应质优价廉的商品,自然就能实现畅销大卖!"

但是果真如此吗?作为对这种论调持否定态度的一人,在此提出我的一些论点。

由于将这一论点导入到客户企业后，切身感受到了企业在应对"消费低迷"时显著的效果，所以我更认为这一论点不会出现偏差。

不对，应该说对此我确信无疑。

接下来，作为"商人传道师"，我将向各位介绍本人所发现的"优衣库独占鳌头的4大秘密"。

① **强大的领导力**

根据我的观察，优衣库是一家"不惧失败"的企业。

我认为这一点非常重要。

人们常说"不冒险就不可能成功"，作为制造型零售企业的优衣库，从商品的开发阶段就有各种风险不断出现。

反观其他服装零售企业，明知道这样做可能会带来好处，但依然无动于衷，原因就在于"风险太大"。

优衣库却认为"即使失败也没关系"。我认为正是这种向"新事物"不断发起挑战的"企业风气"，才是优衣库独占鳌头的重要原因。

日本的超市，明知道有些商品具备成为超级爆品的可能性，但要么是不愿承担"风险"而导致进价（成本）变高，要么是不愿增加库存而导致订货力量不足，从而导致销售不畅。

由此可见，"不冒险就不可能成功"。

我认为，唯有不惧失败、敢于冒险，才是消费低迷的时代下的企业能够"独占鳌头"的关键。

②"质优价廉"战略

有很多人认为"优衣库很便宜！"，但是，优衣库的商品当真便宜吗？

比如，畅销商品中的"Heat Tech（保暖内衣）"，这类商品属于内衣类吧。如果按照"超市"水平的内衣来考虑，内衣应"便宜"到什么程度，才能让人感到实惠呢？

我认为"3件1000日元"左右的价格才能被认为是"实惠价"。

我们反观优衣库"Heat Tech"内衣系列的价格，即便是便宜的内衣，1件也要780日元，贵一些的甚至高达1990日元。

这个价格能称得上便宜吗？可以说是比较贵的价格。

那么既然不便宜，又为什么会有这么高的人气呢？

名为Heat Tech的"中年女性内衣"

我认为，主要原因在于优衣库做到了商品"差异的可视化"。

也就是成功实现了商品在"品质高""性能高""时尚度高"方面的可视化。

优衣库将商品的"保暖性""亲肤的保湿性""吸水速干性""贴身感"这4大特性,通过可视化的形式清晰地传达给了消费者。

甚至还创建了一个所谓"功能型内衣"的新品类。

这种女性专用的保暖内衣,换句话说,就是一种"中年女性内衣"。

可正是这种"中年女性内衣",即便价位1件超过1000日元,依然吸引众多女性为此买单,而且一买就是好几件。这是因为所谓的"中年女性内衣"具有很高的"时尚感"。而且,背心款和基础款自由搭配的魅力,能创造出无限种可能。

正因如此,消费者产生了这样的感觉,"即便是1000日元左右的价格也很便宜"。

要知道,在这些消费者的眼中,普通的"中年女性内衣"即便是"3件1000日元"也会感到价格偏高。

这就是我想强调的"质优价廉"战略。

接下来让我们将目光转回超市行业。

令人遗憾的是,在超市行业中,几乎没有企业开展这种"质优价廉"战略。

一眼望去,不过都是搭上了"PB(自有品牌)"热潮的顺风车,仅停留在比以往"全国品牌(NB)"价格更低的商品开发和提案程度而已。

所以会使企业陷入品单价下降,销售额萎靡不振的困境当中。

但是,已经有部分企业注意到了这种"高品质、高性能且低价格"的战略,而且接连不断地打造出了一个又一个"超级爆品",这也是不争的事实。

这证明了优衣库的这种"质优价廉"战略,即便在超市行业也非常适用。

③独特的"促销宣传"战略

据说,优衣库的柳井董事长本来就特别钟情于宣传海报的制作。

可能是受到这种"DNA"的强烈熏染,优衣库开展了独特性的"促销宣传"战略。

事实证明即使处在如此"消费低迷"的时代背景下,这种独具特色的宣传活动也会百分之百地受到顾客的青睐。

比如,优衣库推出了名声大噪的宣传海报:

"热烈庆祝开业60周年。早晨6点开业。

"与一号店开业时同样,我们将为排队的顾客送上牛奶和豆沙包。

"10亿日元的返利促销。"

这些毫无疑问都是独具特色的宣传活动。

难道不是这样吗？毕竟服装行业的促销宣传，"主流"都是围绕"冬装半价促销""夏装大甩卖"来展开。相比之下，优衣库的宣传文案确实是"别具一格"。

除此之外，我还注意到一点，每次优衣库的宣传文案越像这样独具特色，促销宣传单上的商品就越是以"高价商品"为主。

因聚焦品类，所以风险可控

优衣库通过"独特性"且富有"惊喜感"的促销宣传为消费者带来冲击，通过这样的策略旨在达到集客效应，以此来提高商品单价。

我认为，这是优衣库的真正强大之处。

反观同样处在"消费低迷"背景下，超市行业的宣传海报无非是"第~件商品降价促销""特价商品的低价促销""以小包装商品为主的商品阵容"等，不仅是这些宣传单，连店内的促销以及商品化也都在朝着低价的方向发展。

之所以会这样，是因为"消费低迷，所以需要降价促销"

的经营思路。

这种经营思路正是与"独占鳌头"的优衣库的区别所在。

④"聚焦商品=单品走量销售"战略

优衣库的另一个优秀之处就是善于"聚焦品类"。

正是因为能聚焦品类,优衣库才得以开展风险可控的生产制造,才能大胆下单来实现低损耗。

实际上,优衣库在选品方面也极其出色。

选品上充分迎合了女性的衣服自由"混搭"的观念,并强调了"自己是主角"的心理特性。

我认为,正是这样的商品战略,使得优衣库能与"H&M""Forever21"等"时尚品牌"的外资企业"共存共荣",也是优衣库敢于豪言壮语,"打造世界服装业第一制造型零售企业"的自信所在。

因为可随意自由"混搭",而且以"内衣"为主,所以,优衣库获得了男女老少全客层的支持和喜爱。

就连我的家人也是如此,住在家附近的年龄超过70岁的父亲、我那只有3岁的孩子,还有妻子,当然也包括我自己,全都穿着优衣库的衣服。

而且,更值得赞叹的地方是,"谁都不知道你穿的是优衣库!"。就算是"H&M"再有人气,也不会获得70岁以上的老人和小孩的支持吧。

先聚焦"品类",再以自由"混搭"的商品为中心来进行商品开发,进而扩大到"全客层的目标群体"———非常高明的战略!

那么,优衣库的这种战略能否应用于超市行业中呢?

食品行业中的"混搭"可以理解为,"这种食品有多种吃法""这种食品用途广泛",像这样"多用途、多功能"的商品。我们选出这样的商品后,再开展"单品走量"的营销策略即可。

这就是食品行业的"混搭"商品。

此外,我们还可以推出从小孩到老人,能获得各年龄段顾客支持的商品及食谱提案。

也就是,开展面向"全客层"的全方位食谱及商品的营销活动。

采购们可以通过这样的切入点来尝试进行商品的开发及选品工作。

另外,门店方面需要通过故事营销等手法,打造商品的"可视化",还要敢于大胆进行风险可控的订货,通过这样的策略来举行"单品走量"的销售活动。

这样的话,就会创造出"超级爆品"。

像这样,通过深挖优衣库"独占鳌头"的战略,就能发现即便在超市行业,这一战略也能完全适用。

唯有察觉到这一点的企业，才能在激烈的竞争环境下实现"独占鳌头"。

在此，引用优衣库柳井正会长兼董事长的一番话：

"我认为，在经济不景气时，卖得好的企业无非只有一两家而已，其他企业几乎都会陷入完全卖不动的状态。而经济好的时候，几乎所有企业都能实现畅销。因此我认为，正是经济不景气时，才能拥有商机，才更容易拉开和其他企业之间的差距，而且我觉得正是在商品不好卖的时代反而更要努力实现畅销，这点至关重要。"

这番话，更让我觉察到了在优衣库的案例中，"思维方式是成功的一个重要因素"。

第 3 章

正因为是"衰退时代"才需要模式转换

"风筝只有在顶风之时,才能飞到最高的位置,而非顺风之时。"

(温斯顿·邱吉尔)

"理念""愿景"的重要性

请各位看图表⑦，这是为"日本战后商业"的发展做出巨大贡献的、《商业界》杂志创始人仓本长治先生提出的"商业十训"。

图表⑦　商业十训

商业十训
一、赢利与否，先虑善恶
二、开发进取、效仿良贤
三、益客生意，持之以恒
四、忠爱之心，获利之本
五、经营亏损，社会之损
六、集知协力，共创大业
七、生意兴隆，社会幸福
八、公平交易，责任公正
九、合理经营，文化繁荣
十、商人要以认真生活为荣

您可能会认为："在今天为何还要提起这种老套陈旧的内容呢？"

我认为，正是由于处在这种需要转换模式的时代中，我们才需要认真思考这每一条训诫。

之所以这样说，是因为处于"成长期"的企业都有一个共通之处，那就是企业经营者或管理层总是一有机会就向所有员工强调企业的理念和纲领，而且是想方设法让员工都能真正理解。

这成为一种"心灵纽带"。

然而，作为"成熟期"或"衰退期"的企业的共通之处，却是不再要求所有员工理解企业的理念和社训，而是忘记其重要性，只为了销售额和利益而开展商业活动。

这样将无法使企业走上 V 形反转的复苏之路。

正因为我们即将进入前景不透明的时代，即所谓的"衰退时代"，才更需要"回归原点"，必须与所有员工共享企业理念和纲领。

在企业中存在着**"不能改变的部分"**和**"可以改变的部分"**。

"经营（企业）理念"和"企业纲领"，如同企业的"心脏"，是绝对不能改变的部分。

而"可以改变的部分"是指"经营（企业）方针"。

由于方针是促使企业成长发展的"战术、方法"，"掌舵"的部分，所以能进行调整改变。

然而，在大家的企业中，有多少人能正确理解自己所在企业的"经营（企业）理念"和"纲领"呢？

企业的店长或采购，能否与经营者一样，以"同一语调"

"同一语言"与下属进行交流？

要知道，处于成长期的企业，采购和店长可以像经营者一样，用同一语言、同一语调，充满"激情"地与下属进行交流对话。

正是身处前景如此不明朗的时代，才更需要我们向所有员工渗透"经营理念"和"经营纲领"，还需将这些理念纲领通过卖场及商品以具象化的形式展现出来，这点至关重要。

我认为，"心态"非常重要，而"精神支柱"也非常重要。

这与进一步形成员工对企业的"**忠诚心**"息息相关，这是因为企业通过经营理念的渗透，能使每一位员工产生一种在这样优秀企业工作的"**自豪感**"。

那么，各位是否理解了"经营（企业）理念"和"经营纲领"的"真谛"呢？

而且，是否打算通过实际的工作进行实践呢？

需要根据"信息、知识、现场"做决断

今天我们已经进入了一个信息泛滥而很难做"判断"和"决策"的时代。

在信息时代到来以前，我们都是根据很少的"信息"，植入

"知识"，通过很长的时间并投入资金去"现场"直接观察，然后做出"判断"和"决策"。

所以，就能以很高的概率获得成功。

但是，在今天这样的信息社会，我们变得只依赖"信息"。

信息由于很容易受限于发送者的"个人想法"以及"个人见解"，因此不一定完全正确。

最终，我们只能将这种信息停留在可供"参考"的程度。

令人担忧的是，很多企业都是仅靠这种"信息"，就贸然做出经营判断或确定决策发展方向。

在当前消费低迷的状况下，仍有企业这样做出判断：

"这是百年一遇的萧条！因此必须降低商品价格。今后必将是一个降价打折的时代！

"就连Seven&i也开始以折扣业态为导向开展经营，我们企业也必须朝着折扣路线方向转型！

"要开展折扣战略，实现LCO低成本运营至关重要！终究还应贯彻连锁经营理论！"

那么，结果会怎样呢？

实际上，我尝试通过调查流通的历史，来研究处在像今天这样的"模式转换"时代时，那些成功实现转型的人到底采用了怎样的思路和行动。

果然发现他们都具备共同之处。

那就是"信息、知识、现场"。

也就是他们都通过这3个"维度"来进行判断,再付诸行动。

以下这个例子最能说明这一点。

在昭和三十年代(1955~1965年),日本年轻的经营者们听说,"在美国出现了一种被称为自助式服务或超市的业态"(=信息)。

于是,这些经营者为了弄清楚到底是什么样的业态,就开始彻底进行自学(=知识)。

然而,他们仍旧不太理解,因此他们投入了大量的时间和费用,远渡美国开展实地考察活动(=现场)。

在此基础上,他们最终做出了正确的"决策",并"付诸行动"。

远赴美国考察的不仅是经营者,还包含门店的运营部长、商品部部长这一级别的高层,还有采购及店长这样的一线负责人。

然而,如今我们俨然已经进入了一个信息随手可得的时代。

因此,依靠"信息、知识、现场(观察)"这三个维度做"决策"的机会,越发减少。

这是因为大家越来越依赖"信息",所以不再努力通过学习获取知识,也不再去现场进行实地考察。

我在另外一本拙作《超市新常识1：有效的营销创新》中也曾提到，我最尊敬的京瓷集团名誉会长稻盛和夫先生，经常挂在嘴边的一句名言：

"成功=思维方式×热情×能力。"

其中，热情和能力的差距可以从1至100，但思维方式的差距可以扩大到从-100至100。

也就是说，如果"思维方式"上出现了偏差，"能力强""有热情的员工"越多的企业，反而对企业的"伤害"越大。

因此，各位务必要从"信息、知识、现场"三个维度来决定正确的"思维方式"和"战略"。

总部变革＝"3项变革"迫在眉睫！

在本书开篇中曾提到，"衰退时代"的日本社会出现了各种"差距"。

比如，"年龄的差距""收入的差距""地区的差距""员工之间的差距"等。

在这样的社会背景下，连锁超市必须从"整齐划一"的店铺运营模式向"门店主导"的模式进行转换，这点我相信各位在一定程度上能有所理解。

但是，如何才能实现"门店主导"的转换呢？

1. 扩大店长的工作范围。
2. 授予卖场负责人进货和销售的自主权限。
3. 提倡小时工发挥战斗力。

很多企业都认为通过以上3项措施的实施就能实现"门店主导"，但这种想法实际上是大错特错的。

扩大店长的工作范围，不能被看作"门店主导"的措施，不如说，这样反而会使所有业务都半途而废，门店也将无法正常运转。

而且，如果总部突然"授权"给那些未接受过"培训"的负责人，就会导致不能维持商品品类和品质等原有的"标准"，进而造成商品策略陷入混乱。

此外，虽然我们提倡"发挥临时工的战斗力"，但如果不去调整与个人绩效挂钩的"评价标准"，即便采取各种措施也不可能发挥功效。

由于所谓的"责任转嫁给门店"，是一种最不具风险且容易导入的方式，因此大多数企业都会朝着这个方向迈进，这样的想法可以说非常危险。

我认为，如果要朝着"门店主导型"的方向转换，首先必须从"总部"的变革开始做起。

接下来，我将向各位阐述成功实现"连锁体系下的门店主导运营"的"3项提案"。

这3项提案分别是**"人事的变革""物流系统的变革""评价标准的变革"**。

首先，是**"人事的变革"**，因为不同于"组织"的变革，请各位千万不要混淆概念。

就像刚才提到的，向"门店主导"的方针转换，将意味着我们需要改变"店长工作的优先级"。

在过去的连锁店经营理论中，店长最优先的工作就是"管理"。即所谓的"管理优先主义"，为此，具有"管理能力"的人才会成为店长。

但是，如果我们向"门店主导"方向转换，就意味着店长工作的优先级应该转向营销能力和沟通交流能力，也就是"沟通＆营销优先主义"。

否则，将无法发挥"门店主导"的效力。

为此，店长的人事考核制度也必须做出相应调整。

即便具备优秀"管理能力"的人才，如果欠缺"沟通交流能力"和"营销能力"，也不能被委任"门店主导"的店铺运营工作。

也就是说，我们必须重新审视店长的人才选拔标准。

人事部长是否参加经营会议？

我一直感到不解的是，为什么企业的经营会议不要求人事部长一并出席呢？人事部长的工作职责，难道不是理解企业的经营方针，并起用最合适的人才吗？

这与"采购"岗位的人事考核一样。

现实情况是，由于采购们习惯了在总部主导型的体系下所搭建的采购体系，在转换成"门店主导"后，往往表现得很难适应（当然也存在很多能顺应变化的优秀采购）。

所谓从"总部主导"到"门店主导"的转换，简单来说就是商品部的一种大型"模式转换"。

相当于在政策上做出了180度转变，因此自然会出现无法适应的采购。

另外，由于"采购的工作"与"商品部的体系"都发生了巨大变化，所以"人事"也有必要进行相应的调整。

"连锁体系下的门店主导"的实现，最关键之处其实就是"人事的变革"这一绝对条件。

接下来阐述的是有关**"物流系统的变革"**。

事实上，实行"连锁体系下的门店主导"过程中，最大的瓶颈就是"库存"。

请问，在各位企业的"物流系统"中，门店是否真正实现了"后场零库存"呢？

唯有达到门店的"后场零库存"，才是实施"连锁体系下的门店主导"的基础。

特别是针对生鲜三大部门和熟食部门，必须构建一套"后场零库存"的物流系统。

从切换成"门店主导"方针的瞬间起，各门店的四个部门的负责人由于能力上的差距，将导致"门店之间的差距"非常明显。

实际上，这个"差距"就在于"库存管理"。

如果门店能搭建出零库存的物流系统，就不会在毛利额、损耗上出现差距，而且门店之间和负责人之间的能力差距也能控制在最小范围。

成功转向"门店主导"的绝对条件是，向"适合门店运营的物流体系"变更，而不是过去的"为适应物流体系的门店运营"。

也就是为实现门店的"后场零库存"，需要我们重组"物流系统"。

只有构建出适合门店运营的物流系统，才能真正实现"库存的削减"、"收益的改善"及"消除门店间的差距"。

销售额和毛利额"评价标准"的变革

第 3 项的**"评价标准的变革"**,应该从"管理"评价标准的变革开始展开。

过去的"管理"评价标准大体分为 3 类。

1. 销售额。

2. 毛利额(率)。

3. 生产效率(人时产能)。

今后实施"连锁体系下的门店主导"时,有必要改变评价的"观念"和"标准"。下面我将详细进行说明。

1. 销售额的评价标准

通常来说,受门店的选址、规模,甚至所在商圈内竞争状况等各种因素的影响,门店之间不可避免地会出现销售额增长率的"差距"。

因此,按照"总部制定的统一评价标准"运营的话,不少门店会丧失斗志。

不仅如此,当竞争店开设新店时,就会引发门店的预期骤降，这也会使很多门店丧失信心。

所以，我认为那些以"门店主导"为导向的企业，应该转换成"自下而上的预算（Bottom up）"方式。

也就是，店长及各部门负责人"有意识"地关注门店销售额等数字指标，本人也需要建立"预算（目标）"。

但是，在这个阶段就容易产生"差距"。

越是那些营销能力和沟通能力强的店长，越会制定出"很高的预算（目标）"。

相反，那些管理能力强的店长则会通过现状分析，制定出"可能会达成的预算（目标）"。

所以在这个阶段，作为企业就必须做出正确的"评价"。

比如，可以对那些设定高目标的店长给予"（自我）积极进取"，像这样的高度评价。

长此以往，就可以培养出"不惧失败""敢于挑战"的企业良好风气。

反之，如果企业内部蔓延着"若提出高预算（目标）就会吃亏！"的风气，那么"门店主导"的经营就无从获得成功。

接着是在"完成任务的能力"方面的评价。

也就是针对"树立高目标，且一定完成"的方面，企业如何进行评价。

当然，不能仅给予"薪酬"层面上的奖赏，反倒是"薪酬"之外的评价会更加重要。

因为人最开心的事情,莫过于获得"他人对自己的肯定"。比如:

a. 在全体员工面前,给予"肯定"和"高度评价"。

b. 企业经营者及管理层亲自到店给予"肯定",并"表达谢意"。

c. 给予薪酬之外的"奖赏"(海外视察等)。

如果可以的话,最好能实现"成绩归员工,责任在店长"的具象化的"评价方法",这样一来,效果就能达到一百倍。

我们将这样的管理体系称为"目标管理",这是实现门店主导经营必不可少的管理方式。

形成售罄力的"毛利额"评价标准主义

2. 毛利额(率)的评价标准

虽说已经进入了"衰退时代",但作为一个日益凸显的现实问题,提升销售额变得越来越难。

虽然"毛利率"长久以来一直作为经济增长时期的重要

经营指标，但现在已经到我们应该重新审视"毛利率"的时候了。

今后，必须向"毛利额"主义的思维方式进行转换。

企业若实行"目标管理"，就会导致越是优秀的店长越追求销售额的增长。

这样一来，就会出现"毛利率"一时下滑的风险。

如果依然采用过去的"毛利率"指标作为业绩评价标准，店长会由于担心业绩下滑而不敢放手一搏。

所以，我们就应转换思维，以"毛利额"来进行业绩评价。

如果我们采用"毛利额"主义，就能改变负责人（包括临时工）的意识。不仅能使负责人全力销售那些"畅销且赢利"的商品，还能通过"即使加价率很低也可以大量销售"来赚取毛利额。

这样一来，卖场就会发生巨大变化，全力推销的商品会产生极大的变化，POP也会出现惊人的变化。

其实，门店主导经营的一大益处正在于此。

这是因为企业通过对所有员工彻底灌输"毛利额"的意识，可以促使员工思考"应该对哪种商品进行重点销售""这款商品如果不能售出多少以上就无法保证毛利额""对加价率高的商品应该采取什么方式进行推销"等，无形中提高了员工的"思考能力"。

这种"思考能力"与"店铺实力"息息相关。

但如果采用"毛利率"主义,遗憾的是,就不能使员工养成这种"思考能力"。道理很简单,因为员工只需要"按照能卖出数量来订货"即可。

也正因如此,在"总部主导型"的经营中,由于门店的事宜全权交由总部决定,所以"毛利率"主义不存在问题。

反之,如果以门店主导经营为导向,就应该将评价标准从"毛利率"向"毛利额"转变。

这样一来,对那些商圈内竞争激烈的门店,以及竞争对手开设的新店来说,更易于发挥出自己的实力。

因为即使毛利率有些下降,但仍可以瞄准销售额进行努力。

这就是门店主导所带来的一大益处。

工资"有限",薪酬"无限"

3. 生产效率(人时产能)的评价标准

最近,我对"生产效率"产生了疑问。

那就是"为什么必须提高生产效率?",而对于这一目的,很多员工其实都未能真正理解。

所以，会有很多员工认为"提高生产效率=工作压榨"。

也正因如此，生产效率才一直无法得到提高。

那么，如果员工认为提高生产效率是为了"提高所有人的幸福感"，结果又会如何呢？大家一定会认真地提高生产效率吧。

"企业想多赚钱，所以要我们提高生产效率。

"企业不愿意支付给我们更多的薪水，所以才故意压榨我们。"

正因为不少员工持有这样的误解，才会导致生产效率迟迟无法提升。

那么，为什么企业不能让员工理解，提高生产效率就可以提高他们的生活质量以及幸福度呢？

接下来，我先从"为什么提高生产效率就可以提高员工的生活质量和幸福度"的角度来进行说明。

首先，员工的"薪酬"从何而来呢？是来自企业的"毛利额"。

因此，所有员工必须通过努力确保达成毛利额。

接着，我们再来看一下超市的营业成本中，最大的一部分成本（费用）是什么。

那就是"人工成本"，大体占毛利额的40%~50%。

但是，这里请各位不要误解。

提高生产效率的目的，并不仅是降低"人工成本"。

比如，一家店铺的人工成本是 1000 万日元，生产效率低下时，需要 50 名员工进行工作。

于是，生产效率就是 1000 万日元÷50 人＝20 万日元/人。

而生产效率高的门店，用 40 名员工来计算生产效率。

那就是 1000 万日元÷40 人＝25 万日元/人。

也就是说，提高生产效率不仅可以提高企业收益，还有助于提高员工的收入（幸福度）。

反之，如果无法提高生产效率，就无法提高收入并提升幸福度。

不过，还需要各位理解，我们从企业得到的不是"工资"，而是"薪酬"。

工资是"有限"的，因为工资和劳动时间是"对等"的。

然而薪酬是"无限"的，因为薪酬是"根据为企业所创造出的利润（收益）来决定的"。

在企业工作的所有员工，通过建立"自己从企业得到的是薪酬"这一意识，将有助于"企业发展"和"实现自我价值（提升幸福度）"。

"门店主导"要从总部的变革开始做起

在美国的超市,以及日本的收益性较高的餐饮企业(萨莉亚等)中,都建立了一种良好的机制,将提高经营效率所获取的部分利润返还给员工。

因此,这些企业的员工就会更加积极地提高"生产效率"。

然而,"提高生产效率",并不等于"操作流程的重新调整"。

我认为,"提高生产效率=员工的理解=激励"。

如果致力于门店主导经营,"提高生产效率"必不可少。

因为门店业务量的负担会逐渐增加,所以需要彻底"提高生产效率"。为了实现这一目标,对员工实行"激励制度(薪酬)"的措施将不可或缺。

为了实现"连锁体系下的门店主导",即使不改变"业绩评价"的内容,也必须对"评价"的"标准"进行修改。

"门店主导"并不是单纯地授权给门店,而是更需要企业自身进行变革。

我经常听到"总部主导"与"门店主导"是对立关系的说法,这实际上是大错特错的。

因为商品的价格谈判、产地及商品开发等基本的市场企划营销工作，100%必须由总部的采购来负责。

不如说，因为实行了"门店主导"的运营，采购们相比于总部主导，可以更多地专注在采购原本的工作上。

而且，我们还必须理解实现"零库存"的目标，是门店主导的"基础"。

因此，有必要开展超出过去水平的"物流系统的改善和变革"。

其次，"人事"的职能也越来越重要。

门店主导非常依赖"个人综合实力"。所以起用合适的人才非常关键。

另外，企业内部的"公平公正的评价"和门店员工的工作热情紧密相关。

因此也必须开展"评价"标准的改善及变革。

综上所述，相比于过去的"总部主导"的经营模式，"门店主导"需要总部在功能上进一步充实，并进行改善及变革。

再进一步说，就是总部有必要开展"连锁店的系统化"，而不是简单地"放权至各个门店"。

在"衰退时代"的背景下，"连锁体系下的门店主导"，才是超市取得成功的新模式。

第 4 章

应对衰退时代，
商品部的变革

No challenge, no future!

无挑战,无人生!

(柳井正)

"企业的目的就是创造客户"

被誉为"现代管理之父"的彼得·德鲁克（Peter F. Drucker）曾提出这样的论点：

"因为企业的目的就是创造客户，所以企业有两个且只有两个基本功能。那就是市场营销和创新。而且也只有市场营销和创新才能为企业带来成果。"①

上面所提到的"市场营销"和"创新"，今后同样将成为超市企业的商品部所必备的两大功能。只有意识到这一点并付诸实践的企业，才能创造出"新的客户"。

下面我们分别从"市场营销"和"创新"两个方面，来介绍德鲁克的经营理论。

a. 市场营销

到目前为止，市场营销不过是履行所有与销售相关的职能而已。而在市场营销的概念衍生出来之前，还只是"销售"。

也就是从我们的产品开始做起。

然后为产品寻找合适的市场。

---

① 出自彼得·德鲁克（Peter F. Drucker）《管理的实践》一书。

相比之下，真正的市场营销却是从顾客的角度出发。也就是从顾客的现实情况、需求及价值观方面入手。

我们需要了解的并非"我们想卖什么"，而应是"顾客想买什么"。

并非"我们可以提供这样的产品和服务"，而应是"因为顾客有这样的价值诉求，所以我们需要通过产品和服务来满足这一诉求"。

实际上，销售与市场营销是相悖的关系。①

各位采购，对此您有什么感想？

市场营销应从"顾客"的角度出发。

也就是从顾客的现实情况、需求及价值观出发。

但在此请注意不能混淆概念。

作为采购们的"顾客"，不仅指那些终端的"客户（使用者）"。

那些"供应商"同样也是采购们的顾客。

特别是，如果能够理解供应商们的"现实情况、需求及价值观"，就能实现创新变革。

而这才是"关键"所在。

---

① 出自彼得·德鲁克（Peter F. Drucker）《管理的实践》一书。

b. 创新

下面依旧是来自彼得·德鲁克的观点。

企业的第二个功能就是创新，即创造新的市场需求。

在这里，创新的概念，并不是简单地指提供优惠的价格和服务，而是指必须提供更优质、更优惠的价格和服务。

并且，所谓创新，并不是科学和技术层面的创新，而是价值层面的创新。

这种创新，不仅影响着我们所处时代的组织内部，也能为组织外部带来变化。

创新的尺度，对外面的世界影响深远。[1]

也就是说，我们必须摒弃固有的行业常识，通过创造出"新的价值"，来达到必须颠覆固有"行业常识"的目的。

这就是"创新"。

不仅如此，这种创新还要扩展到"组织之外"，也就是创新必须为客户（生活者）和供货商们带来巨大的变化及影响。

读到这儿，您一定会质疑："什么？！这种创新怎么可能存在！"

---

[1] 出自彼得·德鲁克（Peter F. Drucker）《管理的实践》一书。

但它的确存在。

接下来，我将向大家阐述一下，根据彼得·德鲁克的理论所实际展开的"市场营销"和"创新"活动。

对于"PB商品热潮"，您是否也心生疑问？

以大型量贩店为中心开发PB商品的热潮仍在持续发酵。

那么，开发PB商品的目的是什么呢？

- 开发出比一直以来NB商品更便宜且赢利的商品。
- 在和其他企业竞争的过程中，提高自身的价格竞争力。
- 提高门店的品格。

是不是基于以上目的呢？

一直以来那些被称为"生活必需品"，诸如食品杂货、日配商品、糕点、日用品、酒类等商品的消费持续走低，那么，大力强化PB商品是为了应对这一低迷状况吗？对此本人不敢苟同。

当然，PB商品应定位于"畅销且赢利"的商品，并着手开展走量销售，单就这一点而言，毋庸置疑。

然而在今天，人们称PB商品的开发以及走量销售是为了冲破消费低迷的局面，对此我是持怀疑态度的。

相反我认为，那些在超市中被称为"非日用品"的生鲜食品以及熟食，强化这类商品中的"独特化商品"，即"PB 商品"的开发，才是当务之急。

而在美国，生鲜食品已经成为"日用品"。

这是由于这些生鲜食品的产地几乎相同，而且几乎没有发挥市场功能，几乎没有"应季"的说法。

在这样的情况下，除了"能通过味道实现独特化"的熟食部门之外，生鲜食品都变成了"日用品"。

然而，日本却并非如此。市场功能还非常到位。

商品不仅存在当季的概念，产地也是数量繁多。

由此可见，日本的生鲜食品足以成为"非日用品"的部门。生鲜部门和熟食部门的销售占比高达 50%，生鲜运营能力较强的企业中，这一占比甚至高达 60%。

不仅如此，毛利额的占比上，绝大多数企业都达到了 60%～70%。

即便如此，现如今为何仅停留于"日用品的 PB"开发热潮？其中的原因我实在是无从知晓。

相比于将目光聚焦于"日用品的 PB 商品"的开发，我们是不是应该更关注那些"非日用品"的生鲜食品和精致熟食的"独特化商品开发"呢？

然而，现实是由于这类"非日用品"的商品开发存在一定的风险，所以大多数企业并没有将这种"非日用品"的独特化商品开发提上日程。

殊不知，正因为"风险并存"，所以才构成了这类独特化商品的魅力所在。而那些所谓的零风险的商品，在和那些"风险可控"的商品对抗中，终究会败下阵来。

所以，眼下我们更应该推进风险并存的、生鲜食品和熟食部门的"独特化商品的开发"。

我坚信，唯有意识到这一点，"对商品采购实施变革"的企业，才能在今后愈加严峻的消费低迷的局面中"独占鳌头"。

我甚至想大声呼吁——**"抓紧行动起来！生鲜食品和精致熟食的独特化商品开发已经迫在眉睫！"**

理解美国 PB 商品的现状

如果我们能充分了解总能先于日本一两步，走在前面的美国 PB 商品的现状，就能发现当前日本的 PB 商品开发，在方向性上所存在的问题。

从"美国食品零售业的各品类 PB 商品的销售额排行榜"来看，排名靠前的几乎都是那些购买频率很高的生鲜食品和日配商品。

唯一排名在前，与食品日杂相关的是矿泉水（瓶装水）。尽管如此，其品类占比仅为2%，增长率也很低，仅为6%。

看到这样的数据，您对于日本PB商品开发的方向性，难道没有任何疑问吗？

除此之外，在一些明确打出独特化的鲜明旗帜的超市企业中，他们将食品日杂的PB商品开发的方向由"低价"转向了"独特化"。

例如，"有机食品"或是"绿色食品"。

众所周知，美国全食超市中有机食品或是绿色食品占据了全品类的50%左右。

此外，得益于集中化策略而实现快速发展的乔氏超市，其超市内销售的PB商品全部符合美国FDAC（美国食品药品管理局）以及USDA（美国农业部）的认证，并以此作为"卖点"展开销售。

也就是说，"独特化"才是关键。

与此相比，日本却只强调"价格便宜"的PB商品开发。

我们是时候步入下一个阶段了。眼下正是对"生鲜食品、精致熟食"进行"商品采购变革"的好时机。

就商品采购现状来看，真的已经做到无懈可击了吗？请先试着"否定现状"。

难道不能采购到更加新鲜的商品吗？

难道不能采购到更加美味且满足实惠感的商品吗？

难道不能采购到更加便宜、新鲜，而且质优的商品吗？

随后我将给大家介绍几个顺利实现"商品采购的变革"的企业的成功案例。

玩转"应季的差异"的变革

首先是"蔬果部门"。

令人欣慰的是，日本在一年中四季分明。由于北及北海道，南至冲绳，南北跨度很大，所以四季交错。这便产生了日本各地区"应季的差异"。

有些企业便着眼于这一"应季的差异"，在调配采购方面大胆推进变革。

这些企业做出了以下改变。

他们认为市场分为两种模式。

一种是"消费地区的市场"。东京、名古屋以及大阪等地，是对应大型消费地区的市场，拥有着可以从全国各地采购并调配商品的能力。

另一种是"产地的市场"。这种市场紧靠商品产地，相比于采购及调配货物的能力，向各市场配送货物的能力更胜一筹。

这些企业有效利用这一"市场特性"，力求改变以往的采购方式，以推进变革。

具体而言，相比于消费地区的市场，作为产地市场的九州，能更早迎来应季商品的上市。这意味着，应季商品的行情走势下滑也会相对更早。

比如，当安第斯甜瓜在消费地区的市场售价为400日元/个时，在商品正当季的产地市场，却可随处可见250日元/个的售价。

活用这种"应季的差距"来进行灵活采购，就能成就"压倒性的价格优势"，成为"压倒性的应季的先驱"。

一直以来，企业只从附近的市场进行商品采购，"应季"时商品价格上的差异等同于各商家加价率的不同，只能这样来体现商家之间的差异。

然而，只要有效运用这种"应季的差距"，就能通过"应季之前"，也就是所谓的"应季的先驱"，实现"压倒性的价格优势"，还能达到更高的加价率。

可是，这些企业一直以来都是从附近的市场采购商品，或是与产地农民（农协）签订采购合同。

这样千篇一律的方式真的能在众企业中脱颖而出，凸显"独特化"吗？难道没有更好的方式了吗？

当我思考着是否有其他的方法时，抓住"应季的差距"，灵活进行采购的概念跃然眼前。

只要实现了"商品采购的变革"，便可先于当季，抓住价格方面的"优先决定权"。

这种"走在应季之前"的做法，还使提高单价成为可能，而且无论如何都可力求确保毛利率（加价率）的稳定。

可见打破"常识"的采购模式，所带来的影响不可估量。

养殖鱼类的采购变革

水产部门也同样陷入了消费低迷。

接下来，我将为大家介绍，在这样的背景之下，仍"一枝独秀"的企业是如何冲破低迷的。

他们首先在养殖鱼的采购方面，推进了变革。

养殖鱼不同于野生鱼，可全年实现供应。但实际上养殖鱼的采购周期和野生鱼是一样的。

以人工养殖的鲕鱼为例。

从人工养殖鲕鱼的采购周期来看，每年 11 月～次年 2 月达到高峰。

这一期间供需平衡，商品并没有降价的空间。

因此着眼于"应季前采购"或是"应季后采购"的企业便应运而生。

野生鲥鱼的季节一过,全国各大超市的订单便会骤减。

然而,不同于野生鱼,养殖鱼可以实现稳定供应。

这就产生了缺口,即所谓的供需缺口。

当供需平衡被打破时,采购们就会以"保证每月的采购量"为由,和养殖业者进行谈判,来争取进货价的大幅度下降。于是就出现了远低于养殖业者预期的"条件价格"。

对此,这些养殖业者也非常头疼。

这家企业在供需平衡被打破时,以"保证采购量"作为武器来进行谈判,获得了"低价",同时获得了以往无法想象的惊人的毛利。

与此同时,还衍生出大量的附加价值,那就是能够实现采购人员自身的"销售力变革"。

因为是"便宜且赢利"的商品,所以卖场的销售负责人会在销售上下很多功夫以便售罄。作为负责人来说,他们希望这样的商品多多益善。

如此一来,那些曾被视为"常识"的,基于野生鱼或近海鱼的"应季"而制定的"商品营销企划 MD 计划"以及"销售计划",就成了一纸空文。

接下来,我再给大家介绍一例因近海港口的开发而引发的变革案例。

水产同水果一样，也可以采用"地产地销"的策略，因此有不少企业试图通过推行"附近渔港直送"的企划来激发企业的活力。

然而遗憾的是，仅凭这一点并不能区别于其他企业，无从彰显"独特性"。

当然有部分企业已经意识到了这一问题。

靠附近渔港的开发变革脱颖而出

日本除了部分县以外，均临海而栖。

从日本海、太平洋、海峡（水道）、濑户内海或海湾捕获的鱼类也是千差万别。水产品的采购们对此了如指掌。

可现实却是，大家在采购水产品时，并没有灵活利用这些海流和特性。

当然，也有一些采购已经意识到了其中的蹊跷。

例如，即便同为水道的"纪伊水道"和"丰后水道"，从中捕获的鱼类也是大相径庭，应季鲜鱼的捕获期也有所不同。

另外从太平洋行驶至日本海只需 4 小时左右的车程。如果能够挤出这段时间和精力就可以灵活展开采购。

因此利用这一"差距"以及海流的不同来进行采购的变革便粉墨登场了。

当某一种"应季鱼"在某地备受欢迎时,我们可以在当地寻找捕获期与应季上市期不同的渔场。当这一渔场处于丰收"旺季"时,行情走势必然会下滑。

我们需要瞄准这一瞬间。

那么企业的"低价"就会凸显。"味美"就会凸显。同其他竞争企业的"差异化"也会凸显出来。

然而,一直以来,人们却总是以缺乏物流支撑为借口而选择放弃这种方式。

可实际上,由于不景气,物流公司也在进行大降价,甚至物流成本降低到了对企业来说十分划算的程度。

因此可以说,在批发市场和渔场都苦于"鲜鱼不好卖"的当下,这种不景气为企业带来了采购变革的契机。

虽然过去人们会因为没有物流而选择放弃这种变革,但如今社会形势的变化使这种变革成为可能。

然而可惜的是,大多数水产采购依然不能看到这一层面。因为对他们而言,眼下同供货商们搞好关系才更加轻松。

所以,只有那些进行附近渔港的开发变革的企业才能真正"脱颖而出"。

优质肉类，比起产地、品牌，更重美味

自 2003 年《商品溯源管理法》实施以来，很多超市希望通过强化"产地和品牌"，来实现和其他企业的"差异化"。

也就是所谓的"品牌战略"。

这种"品牌战略"虽然成果卓著，但在"消费低迷"的大背景下，也有部分企业从根本上重新评估这一战略。

并且，通过战略的重新布局创造出了简直不敢想象的销售额和毛利额。

自从进入"消费低迷"以来，不仅餐饮、酒店，各大超市所推出的"高品质"的肉类都变得难以销售。

正因如此，我们需要从根本上重新评估"品牌战略"，若在采购上实现从"成套肉进货"向"部位肉进货"的转换，就能从供应商处获得远高于预期的更优惠的价格条件。

例如，夏季销售的牛肩颈肉和大腿肉、冬季销售的牛五花和里脊肉，这类以往没考虑过的部位肉，由于受消费低迷的影响，必然产生大量的剩余库存。

然而大多数企业缺乏从根本上重新评估"品牌战略"的勇气，再加上"产地合同"的约束，即便有便宜的部位肉，他们

也无法进行采购。

在这样的状况之下，我们应该果断放弃"品牌战略"，将商品的标准向"等级"进行转换。

即在向顾客宣传商品时，实现商品由重"品牌"向重"等级"的标准转换。

这样一来，相比执着于品牌效应的策略，顾客就能够以便宜3~5成的价格购入同等级的商品。

仅实现了"改变标准"的变革，就能收获各种益处。

而且最为重要的是，相比于以往销售的"等级"和"品牌"商品，通过这种低价进货的方式，能将商品的标准提升一个档次。

这才是真正做到了"质优价廉"，真正做到了"用同样的价格买到更美味的肉品"。

当然也一定能得到更多顾客的青睐。

而且，当大多数超市苦于单价下跌时，由于做到了真正的"质优价廉"，品单价的提高也自然不在话下。

这一切，仅是因为做了一点点的"变革"而已。

那就是，从"产地、品牌"向"等级"的思维变革。

实现以"成套肉进货"为主向"部位肉进货"为主的思维变革。

可见，在消费低迷的背景之下，只需稍作调整，就定能实现销售额和毛利额的历史最高水平。

熟食"成本谈判"的变革

通货紧缩导致熟食原料价格的急剧下跌。

但是熟食部门原本属于加价率高的部门，而且因为是"全权委托供应商"的经营体制根深蒂固的部门，所以很少开展成本方面的谈判。

正因为如此，即使原料成本下降了30%以上，熟食的成本只要能降低5%左右，就能使熟食负责人满足现状。

其中，有些企业通过要求熟食采购与水产、肉类的采购们交流信息，来获取原料的相关知识和信息的做法，最终成功实现了"成本的大幅下降"和商品的"质优价廉"战略。

具体做法是，企业要求熟食采购与水产、肉类采购，共同出席与供应商的谈判会议。

而且，熟食采购还需要从食品杂货部门那里了解调味料等商品的相关成本信息，以此作为同外部的加工供应商谈判的依据。

另外，如果为降低现有商品的成本，而降低售价的话，会导致"品单价的下降"，因此熟食采购还需要通过与供应商谈判，实现品质比现状提升，同时以相同售价进行销售。

不过，绝对不是"因品质下降，所以降低售价"这样的谈判或交涉。

不如说是宁可提高售价，也要努力注重品质的谈判。

要知道，熟食部门是一个经营效率非常低的部门。对于这一点采购们心知肚明。

这样的部门若降低售价，且参与价格竞争的话，必然会导致经营效率的进一步恶化。

降低原来成本价为 40 日元的炸土豆饼的品质，而切换成成本价 15 日元的炸土豆饼的做法十分简单。

这样一来，原来售价 80 日元/个的炸土豆饼，现在就能以 30 日元/个的价格进行销售，而且加价率依然能维持在 50% 左右。

但这样一来，熟食部门的经营效率将会下降 40% 左右。

虽然所有企业都隐约知道这样的做法会导致经营效率的恶化，但由于现如今出现了从未体验过的"消费低迷"现象，所以几乎所有企业的采购都会倾向于"低价进货"的方式。

其中也不乏有采购做出冷静的判断："顺势降价的话，销售额也许会一时有所好转，但最终必然引发不可估量的大问题。"

因此，"质优价廉"战略才是撒手锏。

于是，该采购全力借助其他部门采购的力量，针对原料与供应商认真进行谈判,最终实现了"确保比以往商品品质更高的同时,成本保持不变"。

这样一来,商品比以往的品质更高,顾客的支持率自然也会提高。

由此带来顾客回头率增加,也定会实现销量的大幅上涨。

而且,通过商品售价的"价格不变"或"单价上涨",可以实现品单价的提高,从而成功渡过因单价下跌所带来的危机。

更值得一提的是,因为商品实现了"质优价廉",毛利额大幅上涨,所以能成功实现经营效率的提升。

以上就是"成本谈判"的变革。然而,众所周知的是,大多数企业的做法和这一变革要求的方法大相径庭。

大家认为,究竟哪种方法才是正确的变革呢?

同样是"价格谈判",一种方式是从根本上实施"变革",另一种不过是"因品质下降而实现成本降低"。

答案是显而易见的。

不仅重视"信息","仓库"也应查看

大家认为当进入商品越发便宜,商品越发滞销的通货紧缩状态时,"物的流通"会如何发展呢?

生产制造商若不能生产商品，生意就无法维系下去。因此要持续不断地生产商品。

而批发商若不能使商品流通，就无法开展经营活动。因此要让商品持续流通下去。

然而，商品仍旧滞销。

一定在某个环节商品出现了停滞不动的问题。

如果采购们能够找到"物的流通停滞"的地方，就能发现非常惊人的"宝藏"。

如今，就处于"商品滞销"的状态，换言之就是"商品停滞"的状态。

在这样的状态下，采购们必须行动起来。

其中就有家企业的采购主动出击，且收效显著。

这位采购这样判断："生产商的产量实际并未下降。但若是继续扩大PB商品市场占有率，那NB商品必然会有所剩余。这意味着，在某处一定存有大量剩余的库存。"

他意识到了这一点，并迅速采取了行动！不是等着生产商和批发商联系自己，而是主动上门联系生产商和批发商。

而且，不仅关注"信息"，连"仓库"都会亲自查看。

另外，包括用"现金收购库存的批发商"等，所谓的"中间商"都会积极联络。

还积极前往生产工厂。

就是因为拥有这样的"行动力",才能引发在商品采购方面的变革。

"因便利店停售而导致滞销的甜点正在仓库内闲置。

"因生产商判断失误而生产的商品正在闲置。

"因生产过程中有些变形而排除在规格以外的商品正在闲置。

"保质期还剩 30 天的商品正在闲置。"

除此之外,还有很多,很多……

通过建立各种假设,并切实采取"行动"的这位采购本人,也为眼前如此之多的商品库存惊愕不已。

这类商品以"破坏性低价"就能实现采购。这意味着即便是在毛利率维持在 10% 左右的食品杂货部门,也能够发现可创造出 30%~40% 毛利率的商品。

不用去中国或是东南亚低价采购,日本国内就闲置着"无数宝藏"。

应开展"包销采购谈判"!

实际上,这位采购还开展了另一种变革。

那就是关于"包销采购谈判"方面的变革。

他做出了这样的假设："通货紧缩的背景之下,商品难以流通。这意味着,那些'强行'让商品流动起来的企业,是不是会获得来自供应商更集中的优惠条件呢?"也就是说:

"因为我们这次采购量同比高达300%,所以价格能不能给到○○日元呢?""我们以往都是一个月1万箱的采购量,这次为了强化销售,打算采购3万箱,能否给到○○日元?"

会像这样积极进行价格谈判。

而且谈判的对象,不是市场占有率第一的生产商,而是以排名第二、第三的生产商为主。

或者是直接抛出橄榄枝:"我们想改善目前的市场占有率,能否借一臂之力呢?"

不过,大家可能会这样想:"这根本谈不上是变革啊?"

如果您也这样认为,那么就请观察一下所在公司采购们的情况。

他们只是一味地在谈判中坚持高喊"必须降价!""必须打折!",从未听他们提及过"包销"的话题。

这是因为他们自身"销售能力"不足,做不出他们这样的承诺。当然签订"年度合同"的商品除外。

确实,在消费低迷的情况下,"包销"对于采购们而言未免风险过大。

因此,若是能够在不承诺包销的前提下顺利谈判,无疑是最好的结果，如果可以，谁都不愿开展"包销"采购的形式。

况且人们常常会担心，"如果商品卖不动，会导致库存积压"。

然而，即便明知会存在风险，那些大胆进行改革的采购仍选择了承担风险。

在消费低迷的时代中，在通货紧缩的背景下，这种"包销"采购，或"份额大逆转"的采购，才是接近"变革"的行动。

当然一开始，无论是生产商还是批发商都难免心生疑虑。

但是，当他们看到约定的数量成功包销后，就会接连不断地追加订货。

总之生产商和批发商都希望让商品流转起来，否则无法经商。

所以当这位采购向他们提出了愿望："我们想要和别的超市一样，贯彻高毛利至上主义，能否配合一下呢？"

对此表示理解的生产商们，即使多少牺牲一些利润，也会提出"优惠条件的价格"。

当然，拿到这样的"优惠条件的价格"是水到渠成。

关于这家企业在采购上所采取的"近似变革的行动"的介绍到此为止。实际上，这家企业最值得称道的是即将在下文介绍的部分，即强化"销售"。

具体做法是这些企业会向卖场负责人诚恳说明**"超常值销售

的重要性""商品采购变革的目的""实现变革为公司带来好处"等方面,以此来改变他们的意识。

卖场负责人认同后,会在卖场中全力开展销售,自然就能发挥出巨大的"能量"。

负责人以前会抱怨:"总部硬是把这种卖不出去的厂家商品配货给我们门店!"可现在会信心满满地说道:"这种商品'好卖又赚钱',好嘞,一定要努力卖出去才行!"如同变了个人一般全力以赴推销商品,敢于向超常值的业绩发起挑战。

在不知不觉中,从"商品采购层面的变革"进化成了"销售层面的变革"。

于是,那些听到这家企业"口碑"的生产商和批发商就会争先恐后前来洽谈合作,由此衍生出了"附加的收获"。

推进采购的"模式转换"!

读到这里,您一定有所察觉吧!

按照以往采购的思维方式和方法,是不能实现低价采购的。

我们不能像以前那样在总部的办公室,等着那些生产商以及批发商前来谈判。采购必须亲自出马,主动上门洽谈。

而且,还必须积极开展"包销"的采购谈判。

实际上，对于采购还有一个挑战，那就是如何与生产商和批发商对话。

不能再用这样的说法："有没有好卖的商品？"

迄今为止都是一味强调"有没有在其他企业中卖得好的商品？也给我们透漏点信息啊"。

从这就可以看出，在不知不觉中，"我们将陷入和其他竞争企业的价格竞争"。

这就是所谓的"红海"模式的谈判。

采购们应这样洽谈："有没有比较头疼的库存过剩的商品？有没有比较不好卖的高品质商品？有没有库存积压的商品？"

这些发起"销售变革"的采购十分强势，无论什么商品都有信心销售出去。

他们希望"让现场销售的负责人能赢利"，"希望现场负责人能感受到销售的乐趣、赢利的喜悦"。

于是这样的POP就会在卖场中粉墨登场（照片①）。

采购们为了能够提供与这样的"故事POP"相符的商品，会不断与供应商们进行谈判。

这种商品就是所谓的"质优价廉"的商品。

这样一来，就能实现"破坏性的低价"，还能确保"高毛利额"，使所谓的相反效应成为可能。

我认为这也是一种变革。

第4章 | 应对衰退时代，商品部的变革

照片①

为了实现这样的变革，还必须将"销售能力"进行"可视化"。

这些采购还意识到："'采购'和'销售'恰如车的两个轮子。"

如果两个轮子能密切配合，就能创造出惊人的收益。相反，若任何一方不能发挥作用，车就无从运转。

这些采购认为，只要保证这两者间的平衡，就能实现在商品采购方面的变革，而且这样的变革绝非难事。

总而言之，"我们需要在充分理解现有行业常识的基础上，首先做到否定这种常识。然后不断思考是否有创新的想法，并

123

让这种思考方式成为一种习惯"。

我将这种方式称为"基于常识挑战非常识"。

接下来我将为大家提出，生出"基于常识挑战非常识"的"5个为什么"。

为什么"销售计划"多年不变？

①为什么"销售计划"多年不变？

世代在变，时代在变，饮食习惯在变，环境也在发生翻天覆地的变化。

"销售计划"或"52周计划"所推销的商品却仍旧一成不变。

更糟糕的是，甚至有公司委托外部来制定销售计划，他们的销售计划是基于生产商和批发商的建议制定而成。计划中完全没有反映出"采购们的想法"。

那么，这样的计划真的可行吗？

这样的计划真的足以应对今后的"衰退时代"吗？

我认为，今后除了"销售计划"，"挑战顾客真正想要的商品计划（表）"也很有必要。

> 即使在冬天，孩子们也喜欢吃烤肉！
> 即便是夏天，也能吃到寿喜锅！
> 无论春夏，都能买得到菌菇类产品！
> 鰤鱼鱼块无论是春季夏季，都有需求！
> 周末的宴客菜单，已经从刺身拼盘变成手卷寿司宴了！
> 日式年糕即便在夏天也同样有用武之地！
> 寿喜锅的蘸料，还能用于春夏的菜肴中！

就像这样，同以往的世代（团块世代）[①] 相比，我们的饮食习惯已经发生了变化。

为了适应时代的步伐，我们每年都要努力为顾客创造出"新式菜单或菜肴提案"，以及"新的超级爆品"。

当今时代，"超级爆品"只能出自"质优价廉的商品"以及"顾客想要的商品"，这种说法完全不为过。在"需求商品"中不可能出现这种爆品。

各位采购，请务必意识到这点。正是现在，才需要我们对"销售计划"的商品进行全面评估。评估时请注意以下 3 个

[①] 团块世代是指在日本 20 世纪 60 年代中期推动经济腾飞的主力，是日本经济的脊梁。专指日本在 1947 年到 1949 年之间出生的一代人，是日本二战后出现的第一次婴儿潮人口。

重点。

a. 是否包含"顾客想要的商品"?

所谓顾客想要的商品就是拥有"新价值(新需求)的商品",是指那些稍微改变一下切入口就能畅销的商品。我们需要考虑的是这类商品。

b. 是否包含"应季初期、应季后期的商品"?

应季商品,是今年较早上市,而且美味的应季初期商品。

反之,虽然应季已经结束,但商品口感依然美味,所以需要对这样的商品进行提案。

c. "流行商品""质优价廉商品"

如果在我们的销售计划中一开始就没有强行列入"流行商品"或者"质优价廉商品",就无从对其开展重点营销。

这意味着,我们应该将"销售计划"中20%的商品,都更换成那些"顾客想要的商品"或是"质优价廉商品"。因为这关系到能否创造出新价值(新需求)的商品,也就是"蓝海"商品。

对于那些每年都一成不变的"销售计划",我称之为**"恶魔计划"**。

因为这样的销售计划必然会使企业陷入"血海奋战"当中。

为什么采购们"坐等不动"呢?

②为什么采购们"坐等不动"呢?

面临消费低迷的不单单只有超市行业,餐饮行业的情况更为严峻。

这意味着商品一定停滞在某处。

而采购的工作就是发现这些停止流通的商品。

总之,对于今天的采购而言,"行动起来"非常重要。如果只是坐在办公室里,将无法获取"宝藏的信息"。

供货商们当然希望源源不断地卖出自家企业的"战略商品"。他们不会主动提供或推荐手中那些"冷门商品"的信息。

所以就需要采购们主动出击。无论是去仓库,还是工厂都要积极寻找货源。

③为什么只集中在同质化竞争?

如今经济处于通货紧缩的状态,采购必须充分理解什么是通货紧缩,从而找出比当前畅销商品更优质的商品。

图表⑧是对"质优价廉"战略进行的总结,利用这种"思路"去探宝的话，就一定能发现更多的"宝藏"。

④为什么要"低价"售出？

如果我们只关注将商品"低价售出"，那么势必会造成毛利率的下降。

但若将关注点放在"低价的可视化"，或是"看起来便宜"的话，反而会提高毛利率。

要知道，"商品消费"的时代已经结束，现在已经进入了一个"故事消费"的时代。"低价的可视化"无疑是能使"故事消费"具象化的一种销售方法。

因此，彻底寻找那些能体现"低价的可视化"的商品，将是今后采购们的重要工作。

⑤为什么不去"效仿"？

我经常和采购们这样说：

"在其他部门，其他行业也同样存在超级爆品！"

打造超级爆品，"思路"至关重要。然而"思路"与所在的行业及部门并无关联。

"思路"和"切入点"是共通的。因此，只需效仿其他部门中热卖商品的销售"切入点"。

在其他部门或其他行业中的热卖商品中，如果出现了在

图表⑧ "质优价廉"战略

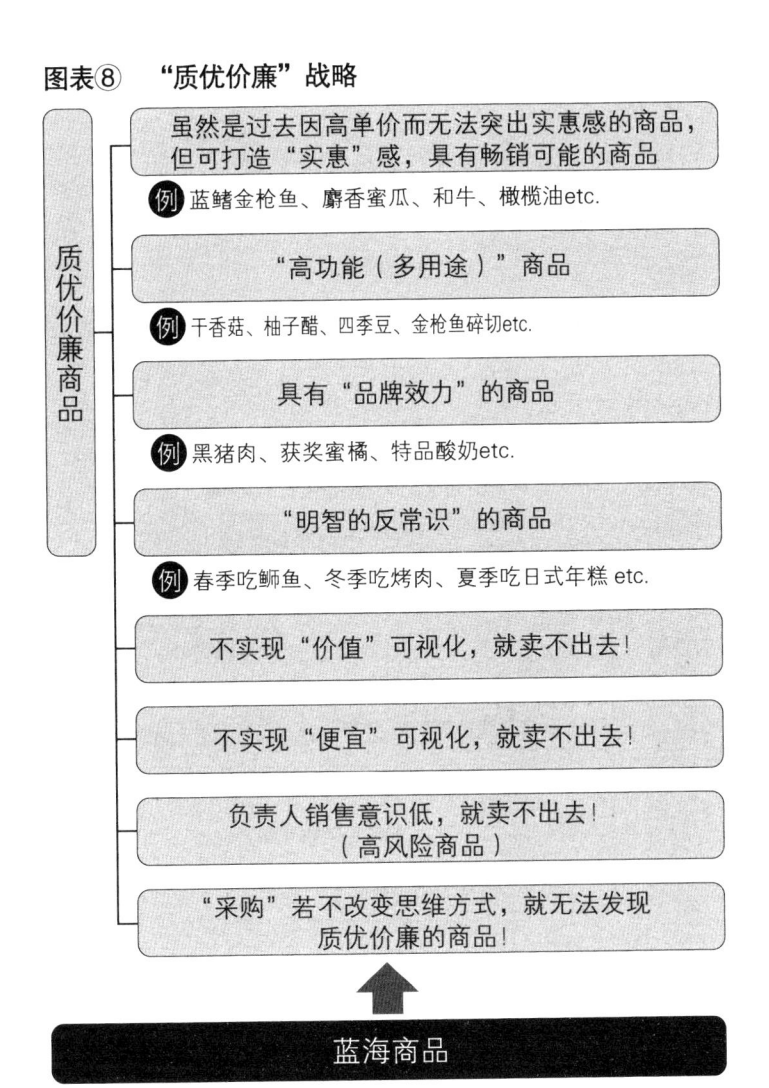

质优价廉商品

- 虽然是过去因高单价而无法突出实惠感的商品，但可打造"实惠"感，具有畅销可能的商品
  - 例：蓝鳍金枪鱼、麝香蜜瓜、和牛、橄榄油etc.
- "高功能（多用途）"商品
  - 例：干香菇、柚子醋、四季豆、金枪鱼碎切etc.
- 具有"品牌效力"的商品
  - 例：黑猪肉、获奖蜜橘、特品酸奶etc.
- "明智的反常识"的商品
  - 例：春季吃鲥鱼、冬季吃烤肉、夏季吃日式年糕 etc.
- 不实现"价值"可视化，就卖不出去！
- 不实现"便宜"可视化，就卖不出去！
- 负责人销售意识低，就卖不出去！（高风险商品）
- "采购"若不改变思维方式，就无法发现质优价廉的商品！

↑

蓝海商品

"思路"和"切入点"上相同的商品,我们就应该彻底进行效仿,将思路和切入点同样应用到我们的商品中,并通过"故事"实现可视化。

这样一来,势必能同样打造出"热销爆品"。

大家解决了这5个"为什么",就一定能成功推进"商品部的变革"。

图表⑨对"衰退时代中所提炼出来的5个'关键'"进行了总结。

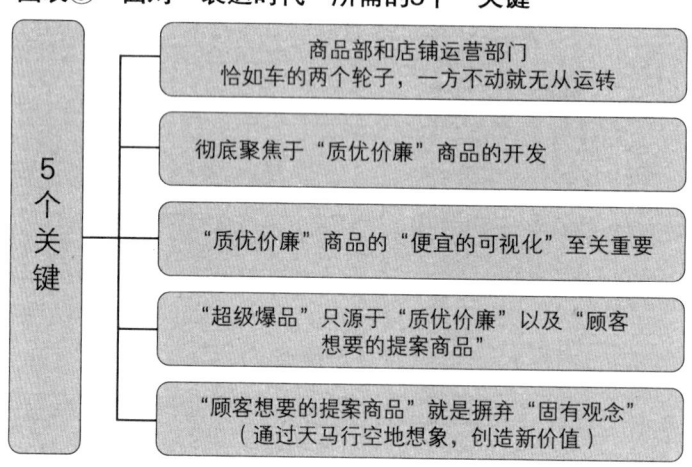

图表⑨ 面对"衰退时代"所需的5个"关键"

5个关键:
- 商品部和店铺运营部门恰如车的两个轮子,一方不动就无从运转
- 彻底聚焦于"质优价廉"商品的开发
- "质优价廉"商品的"便宜的可视化"至关重要
- "超级爆品"只源于"质优价廉"以及"顾客想要的提案商品"
- "顾客想要的提案商品"就是摒弃"固有观念"(通过天马行空地想象,创造新价值)

请务必理解这5个"关键"并尝试挑战"变革"。如果不进行商品采购方面的变革,就无法摆脱目前消费低迷的状态。

市面上常说"门店主导"及"现场力"非常重要,因此应

该强化门店的运营能力，但是我并不这么认为。

正因为当前处在"衰退的时代"且"通货紧缩"的背景下，所以"商品采购方面的变革"才更应被看作决定成败的主导。

这是因为"商品采购的环境"已经发生了翻天覆地的变化。

第 5 章

衰退时代下的店长变革

"当听到别人问'能做到吗?',我一般都会先回答说'没问题'。之后绞尽脑汁,就能做到了。"

(特技导演 园谷英二)

所谓"店铺力"就是"执着"程度的差距

最近我经常能听到这样的话:**"提高店铺力!"**

然而,什么叫作"店铺力"呢?我认为的"店铺力",是如图表⑩所示的内容。

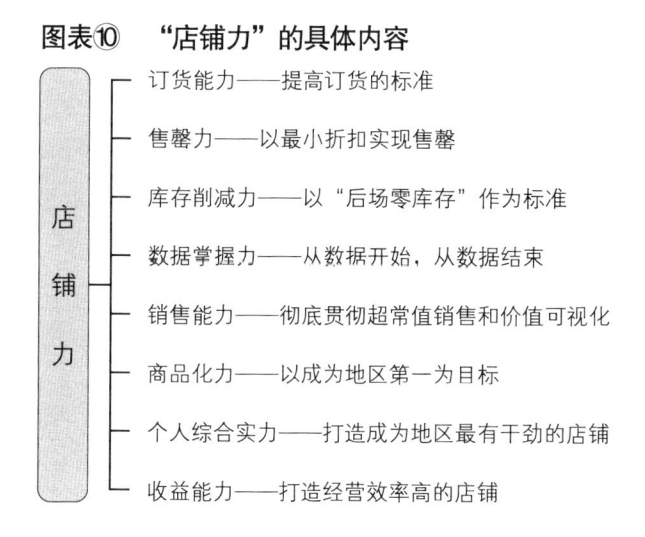

图表⑩ "店铺力"的具体内容

店铺力
- 订货能力——提高订货的标准
- 售罄力——以最小折扣实现售罄
- 库存削减力——以"后场零库存"作为标准
- 数据掌握力——从数据开始,从数据结束
- 销售能力——彻底贯彻超常值销售和价值可视化
- 商品化力——以成为地区第一为目标
- 个人综合实力——打造成为地区最有干劲的店铺
- 收益能力——打造经营效率高的店铺

大家一定普遍认为所谓"店铺力",就是"完全按照手册执行""按照销售计划执行",实现"店铺的均衡化"以及"操作的标准化"。

然而,大家也一定有所察觉。

135

"这样的话,不仅不能在众企业中凸显'差异化',甚至会在衰退时代中每况愈下。"

因此,大家意识到不能再这样下去了!必须有所行动!于是全国各大超市都提出了"提高店铺力!""提高现场力!"的口号。

但对于店长而言,他们内心真正的想法却是"不知道该如何提高店铺力"。

本章将给各位介绍在消费低迷的时代,"强化店铺力"的方法。

但在此,我必须重申:

接下来所提及的激活"店铺力",并不能通过一般的努力来实现。

我们经常听到店长在会上高喊"我们正在努力"。

然而,所有店长都在努力工作。

因此,仅靠稍稍"努力"或是"行动",很难形成与他人的差异。

若不能努力到"极致"的程度,结果将毫无波澜。

事实也的确如此。当感觉"这家店很有实力"时,这样的店铺会给人什么样的感觉呢?

您一定感叹:"这家店居然能做到这样的地步!""真的是很彻底呢!""真是执着啊!"所谓的"店铺力",其实就是"执着"

程度的差距。

因此，想要提升"店铺力"标准的各位门店的运营部长、店长、各部门负责人以及临时工们，请一定要做好心理准备，仔细阅读下文。

不过关于"库存削减力"、"销售能力"、"商品化能力"以及"个人综合实力"等相关内容，我已经在其他章节进行了详细阐述，在这一章我将着重介绍"订货能力"、"售罄能力"以及"数据掌握力"。

通过提升"订货能力"可增强"店铺力"

在衰退时代，您认为导致销售额降低的关键在哪里呢？

就在"订货能力"。

然而，却没有人意识到"订货"的重要性。

再者，在这样的衰退时代，又是什么方面的下降导致了销售额的低迷呢？

那就是"品单价的下滑"。

对企业来说，在当今衰退时代的背景下，大力开展每日低价（EDLP）策略以及降价打折策略毋庸置疑。

而且通货紧缩导致商品售价的下滑也是理所当然的。

137

也正因为如此,才必须全力争取"购买数量"的最大化。

但遗憾的是,总部的采购们无法做到这一点。

可以说能否实现最大化,100%是由"店铺的实力"所左右。

如果我们的店铺还和以往一样订货、销售,那么最终必然导致商品滞销。

总之,消费者的"节约意识"太强。

我在拙著《超市新常识1:有效的营销创新》中,为大家介绍过一些提高"销售力"的思路和方法,诸如"3-3-3"的陈列原则(3倍的陈列排面、3倍的体量感、3倍的大尺寸POP广告的搭配)、"故事营销"、"试吃对比销售"、"现场演示促销"等。但仅凭这些手法,已经无法在"衰退时代"实现销售额和毛利率的提升。

这是因为销售力的根本在于**"订货能力"**。

如果消极地对待订货,那么无论多么积极地学习销售能力,最终都将无济于事。

在这里,我想问店长以及订货负责人们一个问题。

"您每日是以什么作为标准订货下单呢?"

· 是为了不产生损耗。

· 是为了不增加库存。

· 是为了防止缺货发生。

店长要么是这样进行指导，要么是订货负责人遵循指示进行下单，难道不是吗？

我认为如果按照以往的"常识"，这是正确的做法，但接下来我们迎接的是"衰退时代"，所以必须改变订货的"标准"。特别是针对：

- 宣传海报上刊载的商品。
- 高毛利的商品（畅销且赢利的商品）。
- 摆放在平台货架或保鲜平柜中最下段的商品，端架商品等。

对于这些走量商品，我们必须改变它们的订货"标准"。

那么应怎样改变"标准"呢？

那就是要达到"挑战超常值"和"从毛利额出发"的标准。

放下经验值，挑战超常值的销售

我经常强调："走量商品本就没有合理这一说法。"

当订货负责人提出"合理订货"这一说法时，就表示他的思维方式已经被禁锢住了。

比如，"这个商品以 100 日元的价格出售的话，肯定能卖出

150个,因此就订货150个"这样的思维方式,就是所谓的"优等生"员工的范本。

然而,在今后的"衰退时代",若采用和以往相同的方法订货,最终结果只能是"即使商品售价100日元,也无法达到150个的销量"。

由于商品卖不动,所以订货量自然会从150个减少到120个,再从120个减少到100个。在不知不觉中,订货量会越来越少。

这种趋势,想必在各位的门店中已经逐渐"凸显"了吧。

而且,现实情况是,"越是一些很有经验的老员工所在的部门,他们的销售额就会越低"。

反而是那些没什么经验的积极的年轻员工,在他们所在的部门内,即便是在消费低迷的大环境下,也能切切实实地看到销售额的增长,难道事实不是这样吗?

而且不可思议的是,这种情况的出现遍及全国各地,不分行业,也不问地区。

出现这种情况的关键,就是"订货能力"。

而且,"订货能力"和"销售能力标准的提升"密切相关。

"下了这么多的订单,如果卖不完的话怎么办?必须售罄才行",类似这样对自己施加的"负担"或"压力",会帮助改善销售能力。

"若售价100日元，就一定能卖出150个"，怀揣这样的想法真的就能提高销售能力的标准吗？

这是绝不可能的。

经常会有人问我这样的问题。

"我们店的负责人总是不愿意打造基于3-3-3原则的富有活力的卖场。"

"我们店的临时工，对'故事营销'毫无兴趣，怎么办才好……"

答案其实很简单。

那就是，需要我们"打造基于3-3-3原则的富有活力的卖场，营造出必须实施'故事营销'的'状态'。为此，'失败也没关系'，必须敢于挑战，大胆地订货"。

我将这种方法称为**"挑战超常值的销售"**。

但是熟知常识的人们会说：

"我们不能每天都去挑战超常值。所谓的超常，就是因为不经常发生，所以才能称之为超常！"

那么，为什么这些拘泥于常识的人会有这样的认识呢？

这是因为，基于我们在学校所学习到的词语的含义，"超常值"的反义词应该是"常规值""正常值"。

但是，我们在社会中学到的超常值的反义词，对应的其实是"经验值"。

141

对于那些"经验值"犹如 DNA 一样深入骨髓的企业或是负责人来说,他们是无法去挑战"超常值"的。

所以,面对接下来的"衰退时代",对于这些人来说,势必将迎来一场苦战。

"售罄能力"才是消费低迷的救世主

在"衰退时代",人们逐渐向"低价导向"倾斜。

因此,走量商品的"加价率"必将随之逐渐下跌。

也就是说,如果依然保持和以往持平的销售量,毛利额必然会减少。

这将是最为糟糕的情况,用我的话来说,经营会陷入"螺旋式通货紧缩"的状态。

若想打开这种局面,走量商品必须**"从毛利额出发"**来进行订货。

类似这样的思路,"走量商品的加价率若变成常规的二分之一,那么销量只要达到 2 倍以上即可"。

也就是说,要保证商品"低价且赢利",在"订货"时的思路至关重要。

"因为商品的加价率过低,不想大力开展营销活动,也不想进货"，像这样的"毛利率主义"至上的思维方式在当今的衰退时代已经不再适用。

如今，**"哪怕只有1%的利润，也要大胆增强订货能力，勇于向销量发起挑战"的思维**非常重要。

而这就是在订货方面的"模式转换"。

而且，在即将到来的"衰退时代"，我们都应该明确目标："即使商品的毛利率低，只要能提高订货能力的标准，提升销售能力的标准，同样能够创造出高毛利额。"

这就是所谓的"店铺力"。

不仅如此，如果建立了"从毛利额出发"的思维方式，就能提高"订货能力的标准"，就能思考用各种"销售手法"将那些"畅销且赢利"的商品源源不断地销售出去，并由此形成"习惯"。

所以从结果来看，毛利率必然会有所提高。

我们再来看一下图表⑩。

您有没有发现图表内过去传统做法中必须包含在"店铺力"中的内容，未被包含在内？没错，那就是"鲜度管理"和"损耗管理"。

这两项内容本应是在考虑传统超市的"店铺力"时，最应该优先想到的项目。

而我特意将它们排除在外。

143

究其原因，是我想让各位进行思维方式上的"模式转换"。大家可以思考一下：

为什么一定要进行鲜度管理呢？

为什么一定要进行损耗管理呢？

而店铺若执意进行这两个项目的管理，就恰恰证明了这个店铺**"缺乏售罄能力"**。

不，应该说是企业所有人都没有将重点放在"售罄能力"上。

说得更极端一些，如果一个店铺不具备"售罄能力"，那也没有必要实行鲜度和损耗的管理。

如果连这一点都意识不到，那提高"店铺力"更无从再谈起。

那么大家所在的店铺，是否都将目光聚焦在"售罄能力"上了呢？

"店铺力＝销售能力"

"销售能力＝售罄能力"

由此可见，如果不具备售罄的能力，那就无法提高店铺实力和店铺标准。

那么，我们究竟应如何提高"售罄能力"的标准呢？

我在图表⑪中，对这个问题进行了总结。

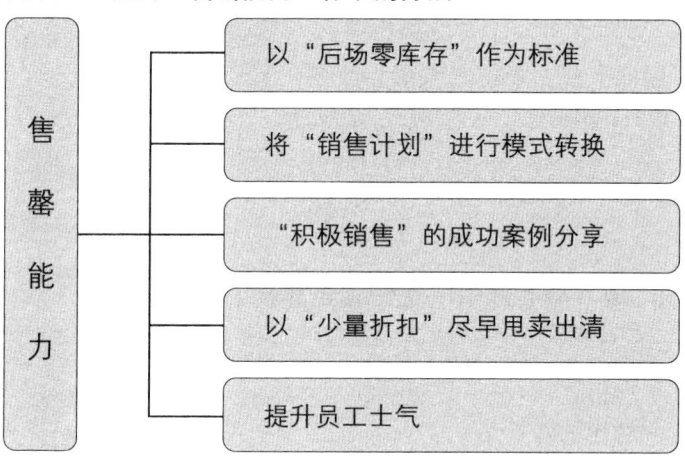

图表⑪　提升"售罄能力"标准的方法

售罄能力
- 以"后场零库存"作为标准
- 将"销售计划"进行模式转换
- "积极销售"的成功案例分享
- 以"少量折扣"尽早甩卖出清
- 提升员工士气

从"毛利额"出发的变革

a. 以"后场零库存"作为标准

通过建立"不能有后场库存"的文化，就能极大增强员工的"售罄"的意识。

众所周知，买卖交易中最难的便是将商品"售罄"。

可能的话，尽量不做硬性"售罄"，而是倾向于将商品保存在后场仓库，采用鲜度管理的方式进行保管。因为这种方式相

145

较于强行将商品全部售出，会更加轻松。

然而，这种方式将不足以对抗今后"衰退时代"。

因此，首先要彻底将重心放在"零库存"上，借此给负责人施加压力，以此来提高负责人的"意识标准"，这点至关重要。

b. 将"销售计划"进行模式转换

以下是我对于"销售计划"的思路：

我考虑的并不是"明天要在这个平台货架（端架）上销售什么商品"，而是"明天要在这个平台货架（端架）上打算赚取多少毛利额，那么需要选择哪种商品，需要多少订货量"。

总之，我考虑的"标准"就是"毛利额"。

因为是基于"毛利额"来订货，所以就能更早地实现甩卖出清。

也就会变成这样的想法："与其留到第二天以打8折、7折的价格出售，不如今天之内以少量的折扣力度，将商品全部销售一空。"

因此，那些"售罄能力"薄弱的企业，需要在制定"销售计划"的阶段就进行改善提升。

通过改变制定"销售计划"的思路，能使"售罄能力"提高几个档次。

c."积极营销"的成功案例分享

我在拙著《超市的蓝海战略：创造良性赢利模式》中，曾介绍过"积极营销"，不知大家是否有所实践？

实际上，在将其付诸实践的企业当中，出现了两种截然不同的结果：一种是发生翻天覆地变化的企业，另一种是结果基本没有变化的企业。

结果明显不同的关键原因就在于"标准"和"评价"。

所谓标准，是指"某部门或是某类别（商品线）的销售数据发生巨大变化的'单品'，通过积极营销而取得成功的案例分享"，各位是否也建立了这样的案例共享"标准"呢？

如果只是简单地将"这个单品非常畅销！"的成功事例进行共享，实则意义不大。

相反，通过某一种单品的畅销，使得某部门或是某类别的整体销售数据发生巨变，分享这样的事例才真正具有意义。

另外，您是否思考过，当负责人因"积极营销"而取得辉煌业绩时，在全公司范围内应如何对其进行"评价"呢？

毕竟"积极营销"也同样伴随着风险，负责人行动之前也会有所顾忌。

因此，请大家一定要对那些敢于实践的负责人进行公平公正的"评价"。

通过这样的做法，将有助于提高"售罄能力"的标准。

d. 以"少量折扣"尽早甩卖出清

这点不仅适用于生鲜食品，食品杂货、日用杂货也同样适用。

如果甩卖时间延误，将造成后场库存增加，卖场端架的周转率也会随之恶化。

此时，总部的采购是否会认为："商品不能实现售罄，当属门店的责任。"

但采购是库存的"最高责任人"。

特别是如果想提高食品杂货或日用杂货的"售罄能力"的标准，就需要采购尽早下达指示。

如果做不到这一点，就无法实现后场的零库存，也就无法提高端架的周转率。

当然，以具有"保质期"的商品为主的生鲜部门、熟食部门及日配商品部门更是如此。

因此就要求采购需具备"决断力"。

"哪怕早1天也行，要尽快将店内的那些'打7折''打半价'的折扣价签全部废除。"

若想提高"售罄能力"，方法只有一个。那就是对一直以来的"折扣标准"进行大胆的改善、改革，将那些"打8折"以上的折扣价签全部废除。

一旦实现了这一点，就必然能使"店铺力"得到飞跃性的提升。

"数据掌握力"应是全体员工的通用技能！

"数据管理"至关重要。然而，如果只是单纯进行"数据管理"，并不能提升"店铺力"的标准。

进一步说的话，一部分人仅具备了"数据的意识化"，是无法提高销售额、毛利以及生产效率的。

被誉为"现代管理之父"的彼得·德鲁克曾提出这样的观点：

"管理需要通过效率性的工作，让工作的人必须提高成果。"

他还提出，"要是想让员工干劲十足地工作，就必须加强员工对工作本身的责任感"。

为此，需要员工们做到以下三个方面：

①进行效率性的工作。

②反馈信息。

③持续学习不可或缺。

所谓"让工作的人必须提高成果"，意味着必须教员工学会判断"成果是提升了，还是没有得到提升"。

那就是，要通过"销售额、毛利额、生产效率"等数据的形式传达给员工。

然后，要教会并让员工学习掌握"怎样才能改善这一数据"。

而这就需要员工"持续学习"，通过上述三个方面，员工就能创作出"效率性的工作"。

说到这里，我要向店长们提出一个问题：

"所谓工作和操作有什么不同呢？"

我认为"操作不问结果（成果），工作则需要出结果（成果）"。

也就是说"需要具有创造结果（成果）的意识，并通过业务工作来实现，就成就了所谓的工作"。

彼得·德鲁克所提及的"效率性的工作"，就是指"需要有意识地将结果（成果），即销售额、毛利额、生产效率等数据化，通过业务工作来实现"。

所以，对于店铺的全体员工来说，"把握数据"尤为重要。

所谓数据，就是"销售额"、"收支差额（毛利额）"以及"人时产能"。

即使没有掌握店铺内所有部门的全部数据也没有关系，可以只关注并掌握自己所负责的部门以及岗位的数据。

然而，在如今高速发展的时代，对比所有员工都能"以数字来把握现状"的企业，以及一部分员工"以数字来把握现状"的企业，哪种企业更能获取胜利呢？

我相信，只有所有员工都能"以数字来把握现状"的企业才会取得胜利。

这是因为，在"以毛利额出发"的订货，"零库存"的实现，以及"售罄力"标准的提升，还有"生产效率的提高"的方面，"所有员工的意识化"越强，这些方面实现的可能性就越大。

要知道门店不能仅依靠一部分员工掌握"数据管理"。然而，我们必须知道的是，"全体员工集思广益地运营"才是提升"店铺力"的源泉。

掌握数据，犹如手握一把双刃剑，有"喜悦"的时候，也必然有"苦闷"的时候，因为数据本身不会说谎。

然而，"目标"也能以数据形式建立的话，就会让人充满"干劲"。

当"改善"也能以数据形式来掌握时，就会备受"鼓舞"。

当"团结的力量"也能以数据形式展现时，就会变得"坚不可破"。

"理解数据，为了改善数据去思考用什么方法才能实现改

善,并将方法付诸实践的力量",就是所谓的"数据掌握力"。

将这一点作为全体员工的通用技能,并得以践行,"店铺力"就会实现质的飞跃。

还需具备"4种能力"的"新"店长形象

迄今为止的理想店长形象,就是拥有"确保门店的毛利率,并使成本最小化"的"管理能力"。

然而,近年来,"理想的店长形象"逐渐发生了改变。那么,究竟发生了什么样的改变呢?

除"管理能力"外,还要求店长具备"交流沟通能力"以及"指导能力"。

换言之就是,企业内"店长"的作用越发举足轻重。

但即便如此,由于在店长层面、店铺层面能做的事情是明确的,所以"店长决定一切"的说法并不恰当。

店长可以说是提升店铺层面"标准"的决定者。但在商品采购和业绩评价方面等大部分事宜,仍需由公司层面做决定。

然而,为何最近会出现"店长决定一切"的言论,而且众多年轻员工甚至高喊"绝对不当店长"?究其原因,是人们对于"店长=工作繁重"的刻板印象十分深刻。

接下来，让我们聚焦于如何提高"店长的标准"，借以推出"新店长形象"的提案。

一直以来，管理能力高的店长自然会得到很高的评价。

这一点今后虽然不会发生改变，但仅凭这一点在"衰退时代"是行不通的。

我认为，在管理能力之外，还需要另外 4 种能力（见图表⑫）。

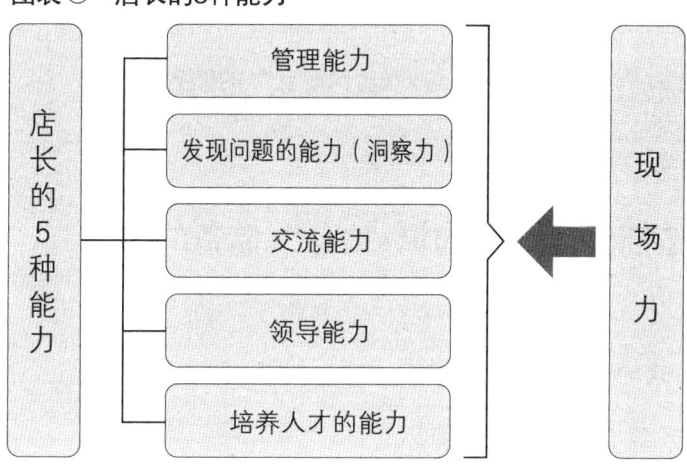

图表⑫　店长的5种能力

店长的5种能力：
- 管理能力
- 发现问题的能力（洞察力）
- 交流能力
- 领导能力
- 培养人才的能力

← 现场力

1. 发现问题的能力

换言之就是"洞察力"。这是在销售低迷期也能做出业绩的店长们共同具备的能力。

153

总之,"洞察力"至关重要。一旦拥有"洞察力",即便是对一些细微之处也能马上有所察觉。

而有些店长之所以拥有这种能力,是因为这些人经常站在**"顾客的角度"**来观察店铺。

店长们的通病就是经常以"销售的角度"来巡视店铺,而"发现问题的能力(洞察力)"强的店长,则会从顾客的角度去观察店铺。

因此他们在巡店的时候,会询问自己"Why(为什么)"。

那么,如何提高"发现问题的能力(洞察力)"呢?方法只有一个,就是不断提高"知识×信息"的储备。

营造能够提高"知识×信息"储备的环境

我经常听到这样的说法:

"我是负责食品杂货的,所以不懂生鲜。

"我没有专业知识,因此一些部门内的细节我并不是很明白。

"我不懂技术和技能,所以没法更深入了解部门。"

现实中也确实存在着很多这样的店长。

我敢说**"有着这样的思维方式的店长,是不合格的"**!

店长们至少要学习一下自己店内的"商品知识"吧。

例如，作为汽车直营店（代理店）的店长，你能说"我不懂车"吗？

而作为餐饮店的店长，你能说"我不做饭，所以不懂餐饮"吗？

作为店长，应该更多地学习自己所不擅长领域的相关知识。

店长至少应该在基于同等知识储备的前提下，和供货商们谈判，否则会被他们看不起。

因此我认为，店长有义务参加面向全部门的培训（学习），并从中充分学习"部门知识"。

当然不是要求一定要做到"非常专业"，店长通过培训不断学习"知识"的过程才是最重要的。

因为如果不学习，就无法提高"发现问题的能力（洞察力）"。

还有另外一个因素，就是"信息"。

作为店长，必须能够随时随地获取信息。

很多企业都高喊"接下来就看一线的能力了！"，虽说如此，但他们在学习培训方面的投资仍旧多倾向于公司层面和采购层面。

公司更应该强化的，其实是针对店长的培训，特别是要增加店长和外部（其他企业）的交流机会。

我举办过3场名为"充满干劲和感动的盛典"的研讨会。

每场研讨会都会有超过500人前来参加，可谓是超市业内最大规模的研讨会。

那么，为何会有这么多人愿意聚集于此呢？这是因为在这里，可以听到"现场一线的声音""现场一线的成功事例"，并进行"现场一线的信息收集"和"现场一线的信息交换"。

以店长为首的身处一线的所有人，都希望和外部（其他企业）进行信息交流。

我们即将步入"现场能力"的时代。我希望在现场一线的各位都能更多地和外部（其他企业）进行交流。

因为大家都希望通过这种交流，得到外界的"刺激"。

另外，那些完全没有竞争关系的店长之间，他们所进行的信息交换，才正是所谓"宝藏信息"的交换。这种信息的交换，能够带来新的发现和新的灵感。

今后为了能营造出提高店长"知识×信息"储备的环境，强化学习培训方面的投资变得至关重要。

不能理解理念的店长，不值得信赖

2. 交流能力

关于这一点，我在《超市的蓝海战略：创造良性赢利模式》一书中有详细阐述，在本书中我将就"不能出错的交流力"进一步展开说明。

我经常思考"优秀店长和普通店长的差别究竟产生在哪里"。之后我得出了这样的结论：

差别在于他们是否充分理解了"经营理念"，是否秉持着"信念"。

和企业的经营者们一样，向手下员工"激扬澎湃"地讲述经营理念的店长才值得信赖。

不能理解公司理念以及方针的店长根本不值得信赖。

特别是对那些有育儿经验的女性而言，人"为母则刚"，不管是如何"巧言善辩"的店长，如果没法阐述经营理念或是批判社会，都无法得到她们的认同。

因此，请店长在企业经营者们阐述经营理念时，注意观察他们的"措辞"、"肢体动作"和"语音语调"，并进行模仿。

这样的话，就一定能得到手下员工们的信赖。

其次，就是"信念"，尤为重要的是店长在充分理解经营理念和方针的基础之上，需要秉持着"我想要开一家这样的店铺！"的信念，并经常将这样的想法灌输给员工。这样就能达到"反复灌输的效果"。

正如基督、释迦摩尼、孔子、鉴真和尚，这些留名于世的人靠的都是这"反复灌输的效果"。

当然也有人从不阐述自己的意见，通过单方面地听取他人的"意见"来进行"交流"，这是不对的。

秉持自己的信念，一有机会就进行游说，才能达到"交流"的目的。

这就是"交流能力"。

"店长就是店铺的经营者"，因此必须秉持"信念"。

交流确实并非易事。然而，现实教会我们，如果不提高这种能力，就无法实现"店铺力"和"现场能力"的提升。

冲动性的"愤怒"，会丧失下属的信赖

3. 领导能力

优秀的店长拥有优秀的领导力。这是毋庸置疑的。

那么，什么是"领导力"呢？

接触过无数店长的我所理解的"领导力"是拥有这样思维方式的人：

- ▶ 成果属于员工！责任在店长。
- ▶ 善用褒奖，效率会提高3倍。
- ▶ 乐观（积极）地看待事物。
- ▶ 拥有正面情绪，充分表达喜怒哀乐。

所谓"领导力"，用旧时代将领们的老话来说，就是"请追随我吧！"。

其实这种"追随"不过是对这个所谓的"我"在平时就备受信任的一种感恩回报而已。

为此，作为店长，要将获得的"功勋"记在手下员工头上。即使是一些微不足道的小事情，也要不吝啬地褒奖员工。

其次要保持乐观积极的态度。

店长若总是摆出一副否定姿态，总是贯彻"否定的思维方式"，进行"负面的发言"，那店铺就不会有所提升。

店长需要时刻保持积极乐观，要多对员工们说"还有进步空间……""还能更好……""没关系……"等。

最后就是要保持正面情绪，充分表达自己的"喜怒哀乐"。

· 批评时，要严肃认真地"批评"。

- 兴奋时，甚至手舞足蹈地表达"兴奋"。
- 悲伤时，尽管"饱含泪水"地悲伤。
- 开心时，甚至让旁人大吃一惊般地"开心"。

这种情绪的表达，不管是什么样的员工，都一定能触动到他们内心的情感共鸣，从而拥有"不想让店长失落""想让店长高兴"的想法。

相反，那些不论喜悲，总是面无表情的店长，就不能"打动人心"。

每个人都本能地会有这样的感受，比起取悦自己，取悦他人反而能获得更高的满足感。

因此，"喜怒哀乐"等情绪的尽情流露是店长领导力中不可或缺的。

不过在这里必须注意：要避免冲动性的"愤怒"。

"愤怒"和"批评"不同。"批评"是指当"我希望你能够发现不足"时，狠下心对他人进行的劝诫。

"愤怒"则是触碰到了内心深处的情感，是一种冲动性的失言。

虽然都是说了不好听的话，但意义是完全不同的。

请一定要注意，这种冲动性的"愤怒"会使店长失去员工们的信赖。

一起思考失败的原因

4. 培养人才的能力

拥有领导力的店长，善于培养人才。

有的店长被比喻为"创造人才的工厂"。

有的店长得到了公司的绝对信任："只要交给他就绝对没问题。"

拥有这种能力的店长，有以下几个共同的特点：

- 哪怕失败，也会让员工继续尝试。
- 一起寻找失败的原因。
- 允许员工挑战更高目标。
- 做出成果，及时褒奖。
- 不断强调学习的重要性。

其中，关于"不惧失败"无须赘述。重要的是失败时，我们要"一起思考失败的原因"。这是让培养人才的结果大相径庭的关键所在。

另外，同样重要的是当员工再次挑战"高目标"并达成的时候，不能只是简单地"夸奖"，而是要"极力称赞"员工，甚至称赞到让员工感到不好意思的程度。

还要不断强调"只要继续学习就能有所突破"。

为了提高人的心性，店长需要反复重申学习的重要性，还要时不时地赠送给员工自己学习过的书籍。

若按照以上方式坚持下去，就一定能培养出人才。

美国有名的经营学者杰克·韦尔奇（Jack Welch）曾经这样说过：

"只要寻找到适合的人选，为其提供更多机会，并给予相符的报酬，在那之后就无须再对此人进行管理了。"

正如这句话所说，请大家一定要遵循这"培养人才"的法则。

另外，所谓"店铺力"，是指提高店铺层面的所有标准（见图表⑬）。

但是由于人们的思维方式以及做法已经习惯并适应了当前的"标准"，因此标准的提高绝非易事。

而接下来若想提高"标准"，就取决于店长的"领导力"了。

店铺内，"价格便宜""品种齐全""卖场面积"这些都是"肉眼可见"的部分。

然而，我坚信接下来我们所面临的竞争，是对于那些"看

图表⑬ 店铺层面可提高的"标准"

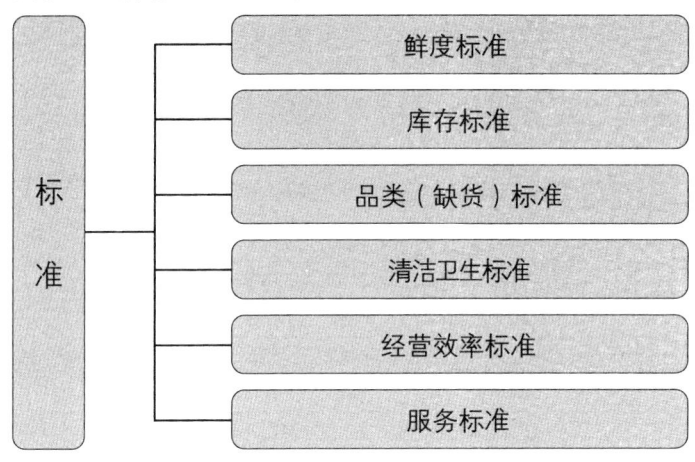

标准
- 鲜度标准
- 库存标准
- 品类（缺货）标准
- 清洁卫生标准
- 经营效率标准
- 服务标准

不见的东西"的竞争。为什么这么说呢？

这是因为，越是深入"衰退时代"，人们购买商品的标准就越发严格。

那些被认为是"便宜没好货"的商品或是服务，会被马上淘汰。

因此必须提高"标准"。

我们希望能够将标准提高到其他公司无法效仿的高度，也就是"卓越"的程度。

为此，请按照图表⑭所示步骤试着提高"标准"。

按照这样的步骤，大多数企业都能实现"标准"的提升。

图表⑭ 提高"标准"的步骤

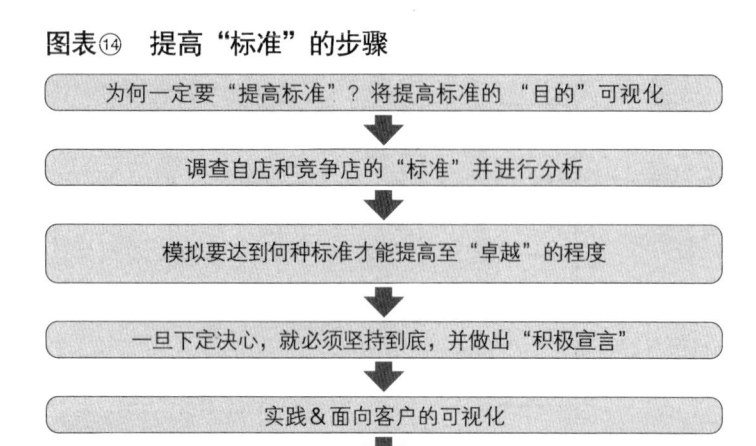

```
为何一定要"提高标准"？将提高标准的"目的"可视化
            ↓
调查自店和竞争店的"标准"并进行分析
            ↓
模拟要达到何种标准才能提高至"卓越"的程度
            ↓
一旦下定决心，就必须坚持到底，并做出"积极宣言"
            ↓
实践＆面向客户的可视化
            ↓
要经常发现问题！随时改善！不断进步！
```

"山不会变，但我会更强！"

"提高标准"的关键点是"积极宣言"。只是一味地高喊"我想提高标准"，标准是绝对不会提高的。

因此要积极宣言"努力将标准提高到其他企业望尘莫及的高度"。

然而，我们必须意识到，若想提高标准，必然会出现很多问题。

如果有些标准在提高的过程中，没有发生任何问题和障碍，那么这样的标准根本不值得一提。

例如，登山时，攀登 1000 米的高峰，和登顶富士山以及阿尔卑斯山时所遇到的问题、困难，是完全无法相提并论的。

店铺的运营和登山同理，大家在挑战时，会挑战什么样的山峰呢？

最先成功登顶阿尔卑斯山的埃德蒙·希拉里，曾经一度登顶失败。当时他对着阿尔卑斯山脉的照片，这样说道：

"山不会变，但我会更强！"

店铺提高标准就如同登山。一步步日积月累的话，一定会达到其他人无法企及的高度。

"店铺力"的提高绝非易事，因此才更需要我们脚踏实地，持之以恒。

第6章

应对衰退时代，店铺的策略

"无论从东还是从西都可以登山,只要自己改变方向,就能开辟出更多新的道路。"

(松下幸之助)

"理解生活者的消费行为模式！"

请大家参考图表⑮。

图表⑮　"衰退时代"4种消费行为模式

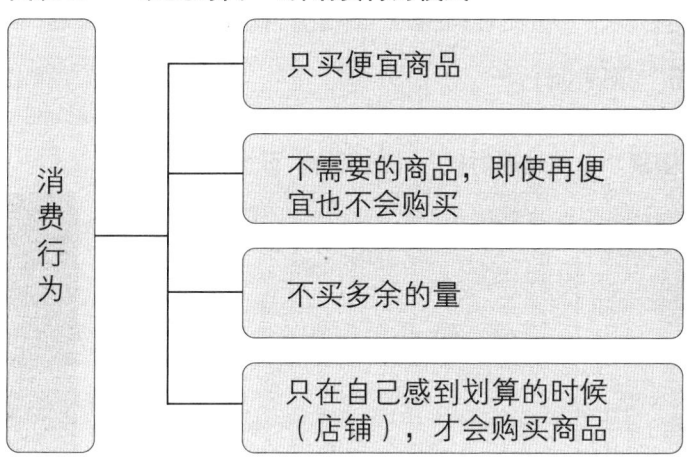

```
              ┌── 只买便宜商品
              │
              ├── 不需要的商品，即使再便
消费行为 ─────┤    宜也不会购买
              │
              ├── 不买多余的量
              │
              └── 只在自己感到划算的时候
                  （店铺），才会购买商品
```

在即将迎来的"衰退时代"，生活者的消费行为模式分为4种。

第一种是众所周知的模式，**"只买便宜商品"**。

由于存在这一模式，所以很多店铺推行 EDLP 或是 PB 商品来强化营销策略，或是通过提高宣传海报的特价商品的折扣力度来吸引顾客。长此以往造成了经营一片惨淡。为什么会形成这样的后果呢？

首先请大家仔细观察这种"只买便宜商品"的消费行为模式。

"只买便宜商品＝只从最便宜的店铺购买商品"，另外"只买便宜商品＝只在商品最便宜时才会购买"。

为了招揽这种"只买便宜商品"的消费行为模式的顾客，我们必须让"最便宜"得以可视化。我将这种策略称为"第一战略"（图表⑯）。

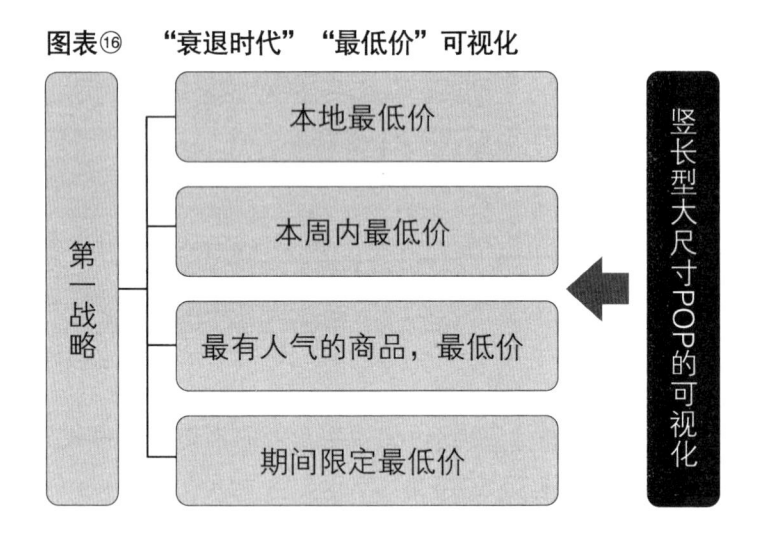

图表⑯　"衰退时代""最低价"可视化

```
                ┌── 本地最低价 ──┐
                │                │
                ├── 本周内最低价 ─┤   ← 竖长型大尺寸POP的可视化
   第一战略 ────┤                │
                ├─ 最有人气的商品，最低价 ─┤
                │                │
                └── 期间限定最低价 ┘
```

而且这种策略，要做到使顾客能在短短3秒内，瞬间感知商品的便宜。

例如，我们可以将宣传海报上主推的"每日特价"改换成

"挑战本地最低价"。或是在店内灵活运用"竖长型大尺寸的POP"等，来提高顾客对于这种"第一战略"的视觉感知率。

低价不够彻底的 EDLP 等战略，在今后的"衰退时代"将完全行不通，只会一味地导致毛利率和品单价出现下滑。

如果我们的目标是吸客引流或提高购买件数，那么我们就应该对那些 PI 值（purchase index＝商品的购买指数）高的商品，或是价格弹性高的商品及类别，"战略性"地实行"最低价"（第一战略）的可视化。

如果能够定期推行这种战略再好不过了，因为这种战略"定期化"地推行，将有助于使顾客购买行为"习惯化"。

第二种消费行为模式是**"不需要的商品，即使再便宜也不会购买"**。

那些在一线工作的员工对消费者的这一行为模式应该是深有体会的。

若想招揽这类顾客，就必须向顾客展示出商品"必要性的可视化"以及"价值的可视化"。

我将这种可视化称为"故事营销"。

在《超市新常识 1：有效的营销创新》一书中，我详细阐述了"故事营销"的概念及方法。如果是阅读过此书，并认真践行了书中所提及的"故事营销"的企业，那么购买件数就不会受到眼下消费低迷状况的波及。

故事营销可谓至关重要。

但是，我也经常听到大家这样反馈："考虑怎么撰写故事，真的是好难啊……"

做好故事营销确实困难重重。但也正因为如此，其他店铺才无法效仿。

尤其是对于那些不具备"思考能力"的企业或是不具有"现场能力"的企业来说，实践起来更是困难。

但实际上，只要掌握诀窍，所谓"故事营销"实施起来也可以易如反掌。其诀窍在于，每一款促销商品都一定有其开展促销的理由，只需要实事求是地将这些促销理由写出来。

如果那个理由能够触发顾客内心情感的"那根琴弦"，就会激发顾客的购买行为。

然而，"便宜"的概念说到底，是和金钱挂钩的，因此如果商品不能做到最便宜，顾客也不会产生购买。

是否实现了让顾客感到"划算"的可视化？

在消费低迷期，顾客的第三种消费行为模式是**"不买多余的量"**。

所以就需要"为顾客提供小包装！"，然而并非如此。

重要的是不能让顾客感觉商品存在"多余的量"。如果我们能实现商品"分量感"和"廉价感"的可视化，使顾客不觉得存在"多余的量"，那么即使不采取"小包装"的策略，商品也同样能销售出去。

比如，我们可以打造**"～人份"的可视化，"用途广泛"的可视化，"趁便宜多囤货（有用的商品）"的可视化**。

这样一来，岂止是购买"小包装"的商品，甚至会出现购买"大容量包装"的畅销情况。

面对消费者的这种行为模式，商家会采取以下两种策略：一种是"因为顾客不买多余的量，所以要强化、丰富小包装商品的品类"，另一种是"因为顾客不买多余的量，所以要实行商品分量的可视化、用途（用处）的可视化，以此来防止单价下跌"。

这两种策略，您会选择哪一种呢？

最后一种消费行为模式，是**"只在自己感到划算的时候（店铺），才会购买商品"**。

我认为，在一线工作的员工对于这种消费行为模式应该也深有感触。

比如，超市实行"〇倍积分促销"时的销售占比出现了不断上涨的现象，就说明了这一点。

这无疑也是顾客"只在自己感到划算时才会购买"的典型

表现。

而招揽这类顾客的策略就是，对那些 PI 值高的商品或是价格弹性高的商品，以及类别（商品），每周定期开展促销活动。而且关键是要彻底以"可视化"的形式向顾客呈现出来。

要不断给顾客灌输"今日〇〇商品，是本地最低价（仅限本周）~"的信息，为了强化这种印象，可视化不可或缺。

不仅要打造"今日的定期促销"的可视化，还要使"明日以后的定期促销"实现可视化。

这里提到的"定期促销"，不能单纯地以"蔬菜促销日""肉类促销日""水产促销日"作为主题。这样的表述过于抽象，很难给顾客留下"划算店铺"的深刻印象。我们可以采用"牛肉本地最低价的促销日""100 日元均一价，50 种蔬菜的促销日""金枪鱼本地最低价的促销日"等能让顾客感受到似乎很"划算"的主题，然后再决定在每周的星期几来举行定期促销活动。

还有一点非常重要，就是要探讨我们是否成功打造出了一个令本地顾客感觉"划算"的店铺。

那么，像这样"对顾客来说，这个商品（企划、活动）特别划算"，通过可视化的形式呈现出来的商品、企划及活动，在各位所在的店铺里，到底存在多少呢？

第6章 | 应对衰退时代，店铺的策略

事实上，在"衰退时代"中依然能够实现生意兴隆的店铺，原因就在于成功实现了"划算"的可视化。

给人"信息"，让其掌握"知识"

大家请参考图表⑰。

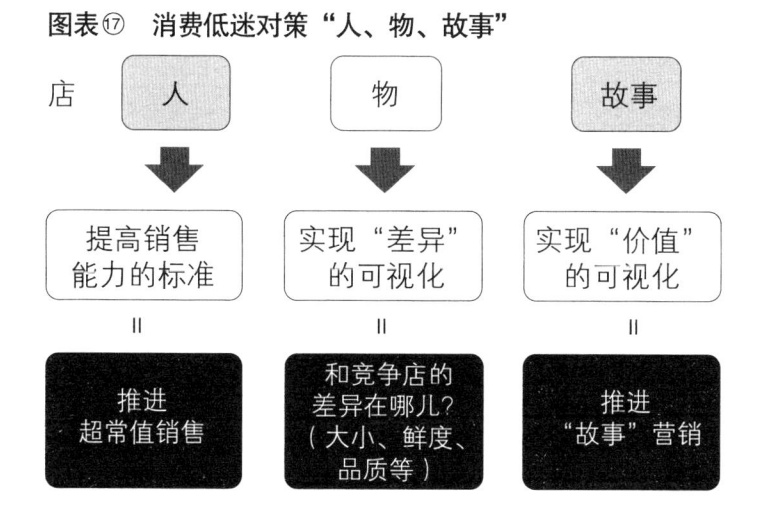

图表⑰ 消费低迷对策"人、物、故事"

店	人	物	故事
	↓	↓	↓
	提高销售能力的标准	实现"差异"的可视化	实现"价值"的可视化
	＝	＝	＝
	推进超常值销售	和竞争店的差异在哪儿？（大小、鲜度、品质等）	推进"故事"营销

店铺是由"人"、"物"和"故事"构成的集合体。

"衰退时代"要求我们提高并贯彻这三者的标准。

175

a. 提高"人"的标准

所谓提高人的标准,大致可分为五种(图表⑱)。

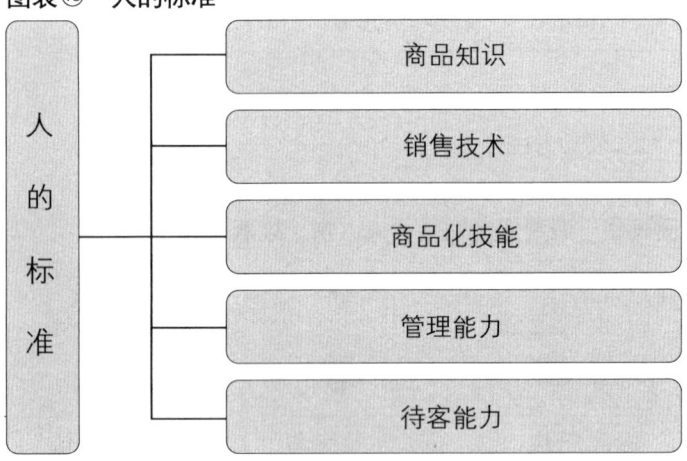

图表⑱　人的标准

```
          ┌── 商品知识
          │
          ├── 销售技术
人         │
的 标 准 ──┼── 商品化技能
          │
          ├── 管理能力
          │
          └── 待客能力
```

如果想要提高所有标准,确实需要大量的"投资成本"。

然而,我们唯有不断地对人"投资",才能以此不断将标准提高。

为了实现标准的提高,最为重要的就是引入"资格认证制度"。

所有人都希望能够得到"获得认可的证明",这就是我们常说的"资格认证"。

即便是仅在公司内部被认可的资格认证也完全没有关系。

为了获得这种"资格认证",就必须形成"学习环境"。

在这种"学习环境"中,"信息×知识×体验×环境(氛围)"的完备,会使人的标准得以阶段式的提升。需要我们不断赋予员工"学习工具"方面的"信息",从而让员工掌握"知识"。

在这之后,还必须创造能够实践"知识"的环境,也就是要彻底培养并形成利于员工实践的"公司风气"。

这样一来,就能够带动"人"的标准的提高。

今后将会是"人决定一切"的时代,可以说对于"人"投资力度的大小决定了一家企业实力的强弱。

但需要注意的是,靠一人之力是无法提高标准的。

若想提高"店铺力"和"现场能力",首先就必须积极对"人"进行投资,提升"人"的标准。

实际上,我主导运营的零售业专业教育网站"商人(买卖人)NET"(http：//www. akindonet. com),截至 2010 年 6 月,注册的法人会员已经达到 200 家,个人会员的注册人数也达到了约 2000 人。

从这些数据能够看出一个不容忽视的事实：部分企业和个人已经开始了对"人"的投资。

b. 提高"物"的标准

所谓提高"物"的标准,就是在以往商品品类的深度基础上进一步深挖。

然而,那些"价格诉求的商品"归根结底不过是在价格层面更加便宜的商品而已,其判断标准无非是"竞争店"。即商品要满足"必须比竞争店更加便宜"的条件。

那么推行"走量商品"的效果怎样?"走量商品"也就是那些"畅销且赢利的商品"。

判断这一问题的标准,在于"营销力"。

我在前面的章节已经详述,通过强化"订货力"以及挑战"超常值销售",可以提高走量商品的销售占比。

只要提高走量商品的销售占比,改善毛利率,"价格诉求商品"就能更加便宜。

但是,仍有很多采购、店长、负责人(包括订货负责人)还没有充分理解这一点。

他们只是将关注点聚焦在那些满足价格诉求的商品上,最终导致毛利率及毛利额的下跌。

因此,在即将来临的"衰退时代",聚焦这类"走量商品"至关重要。

故事营销的"故事"也有应季

c. 提高"故事"的标准

不知大家是否有所耳闻,"故事"其实也有应季的概念?

以往,我们只需将"商品的特性"进行可视化就足以吸引顾客。然而如今,单纯依靠"商品特点"的可视化,在招揽顾客方面已经行不通了。

现在经常能够听到顾客们这样的心声:"虽然明白商品的价值,但是有点贵啊……"

因此,我们不仅需要实现商品"有价值且实惠"的可视化,还要实现"通过购买这件商品,能使顾客以及顾客的家人都能感受到幸福",这种称为"内心满足感"的可视化。

照片②③是在消费低迷期,超市推行的故事 POP 的案例。

故事营销也必须根据季节的变换时时调整、不断改进,也就是要遵循我们所说的"应季"。

对这一点是否能够理解透彻,也直接决定了结果的云泥之别(图表⑲)。

进一步说的话,大家在卖场中强调商品价格诉求的时候,

照片②

照片③

图表⑲　故事营销的进化

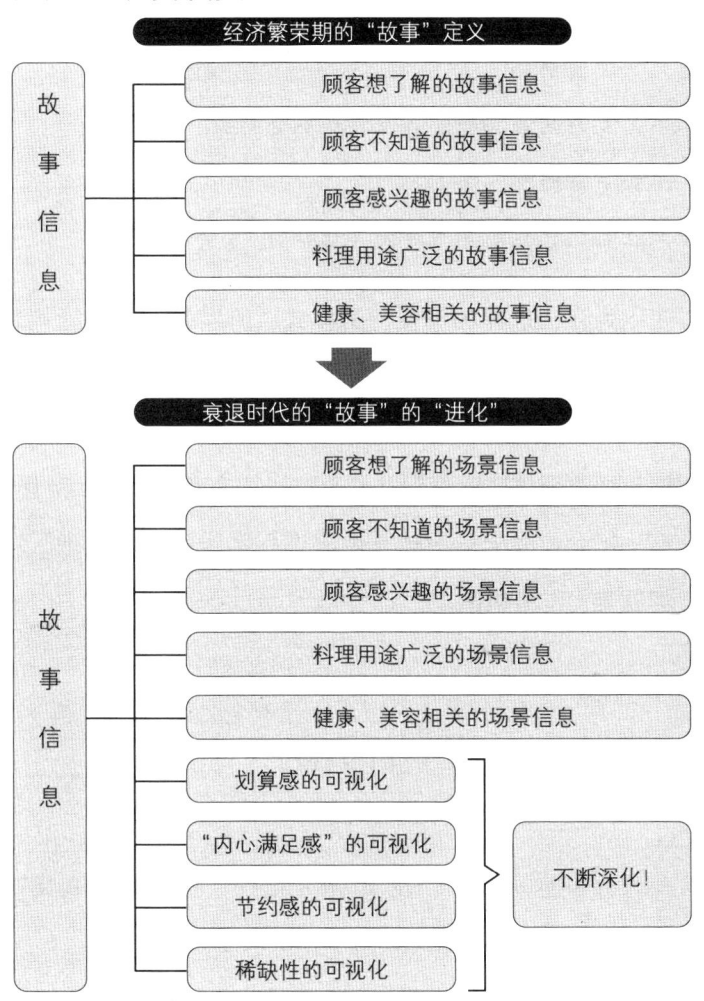

```
经济繁荣期的"故事"定义
```

故事信息
- 顾客想了解的故事信息
- 顾客不知道的故事信息
- 顾客感兴趣的故事信息
- 料理用途广泛的故事信息
- 健康、美容相关的故事信息

⬇

```
衰退时代的"故事"的"进化"
```

故事信息
- 顾客想了解的场景信息
- 顾客不知道的场景信息
- 顾客感兴趣的场景信息
- 料理用途广泛的场景信息
- 健康、美容相关的场景信息
- 划算感的可视化
- "内心满足感"的可视化
- 节约感的可视化
- 稀缺性的可视化

不断深化！

是不是只关注"以低价格销售"呢？如果仅是推行低价策略，商品就无从销售出去。

181

在第 159 页，我详细阐述了在消费低迷期，消费者表现出的消费行为模式，包含以下四种：

只买便宜商品。

不需要的商品，即使再便宜也不会购买。

不买多余的量。

只在自己感觉划算的时候（店铺），才会购买商品。

正因为存在这样的消费行为模式，所以我们在实际销售的过程中，不应该只是单纯地做到"以低价销售"，而是必须实现商品的"低价格的可视化"。

要让顾客能够实际看到并感受到"这个商品有多么便宜"。

有一家企业完全按照这一做法进行实践而成功实现了可视化，那就是 OK STORE。

想了解"为什么能低价销售?"

在我所知的范围内，OK STORE 是在"低价的可视化"上最为成功的企业。例如他们采取了以下措施。

①"实事求是"

这是典型的"低价的可视化"的方法。在超市内我们经常能看到很多类似于"今年蜜橘大丰收,价格比往年便宜3成"这样的宣传广告语,这正是"市价行情的可视化=低价的可视化"的实事求是的表现。

② "价签"

通过价签,呈现出商品"~折扣""含税价格/不含税价格"的可视化。这也是"低价的可视化"的一种表现方式。

③ "最低价承诺"

"最低价承诺"即向顾客做出商品低价的"承诺保证",是彻底贯彻"低价的可视化"的方式。因此也得到了顾客们大力的支持。

这种方式的过人之处在于,并不只是简单地将商品"低价销售"。

如图表⑳所示,大家都应该敢于挑战"低价的可视化"。

顾客想要了解商品"为什么能低价销售""便宜了多少",所以我们向顾客彻底传达这些信息,将有助于实现商品"低价的可视化"。

而且,我们有必要在"衰退时代"打造"令人愉快的店铺"。

正如行动心理学中提到的"人类的本质,是逃避痛苦,趋

图表⑳　场景销售的进化

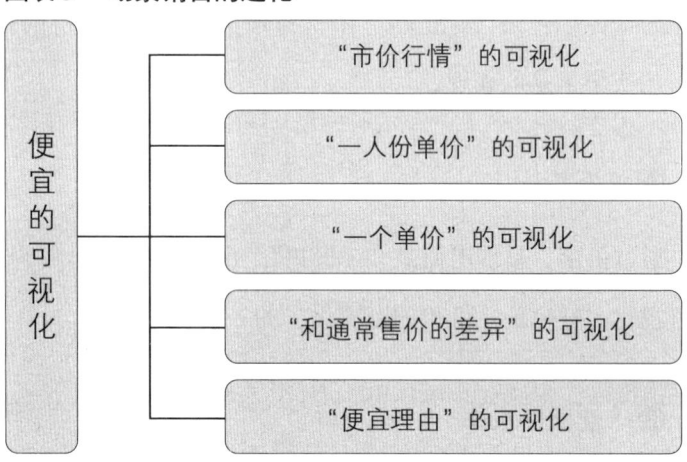

```
                    ┌─ "市价行情"的可视化
                    │
                    ├─ "一人份单价"的可视化
便宜的可视化 ───────┤
                    ├─ "一个单价"的可视化
                    │
                    ├─ "和通常售价的差异"的可视化
                    │
                    └─ "便宜理由"的可视化
```

向快乐"。

在今天经济萧条的背景环境下，人们普遍会感受到"收入减少"和"经济不景气"所带来的苦恼，也会因为"我老公的公司不知能否扛下去？""今年奖金比去年少了20%……"而感到心痛。也就是感受到"压力"。

所以人们必然想要"释放压力"或者寻求"解压"的方式。

这样一来，那些"令人愉快的店铺"就会吸引这部分顾客的驻足。

能显著体现这一现象的就是，超市举办的各种"活动"。

"圣诞节活动……"

"盂兰盆节活动……"

"土用丑日活动……"

"一年一度的大型盛典活动"就像这样，当一家人翘首以盼，一起迎接这些活动的到来时，就是店铺通过故事营销，推出"快乐"方案的时候。因为这些活动能引发顾客"逃避痛苦，趋向快乐"的购物行为。

当然，打造"令人愉快的店铺"并不等同于推行"现场演示促销、活动"。

比如，店铺通过"低价销售""品种齐全"同样能给顾客带来快乐。绝不是只有举办活动或是现场演示促销才能带来快乐。

要知道，那些"低价销售"的店铺和实现"低价的可视化"的店铺，为顾客带来的快乐有所不同。

另外，店铺还能为顾客提供，"这个商品在电视上介绍过哦，虽然住在本地，但以前完全不知道呢！"这样因为品类丰富而产生的快乐。

请大家站在"顾客的角度"审视一下自己的店铺，是否能为顾客带来"快乐"。

而且，如果店铺的员工享受工作，不惧失败且不断挑战，就一定能打造出"令人愉快的店铺"。

对顾客来说，那些只是为了购物而光顾的店铺往往不能令人感到快乐，反而是痛苦的。

店铺和商品一样,"快乐"的店铺定能给人带来愉悦,作为顾客也一定会再光顾。

您觉得那些白天瞒着丈夫,去酒店或是有名的餐厅吃午餐的太太,享用完午餐离开餐厅时,站在店门口会说什么呢?

她们不会说"真好吃啊",而是会说"真开心啊"。

因为除了品尝"美味",她们也是来享受"快乐"的。

所以,就如同采买一日三餐的食材,对于那些充满"快乐"的店铺,顾客们一定会想再次光顾。

主妇们购买的不是单纯意义上的"商品",而是"餐桌上的美食"和"家人的幸福"。

她们经常会挖空心思,想着怎么能够"尽量用更少的预算,让家庭的餐桌更加丰盛"。

她们苦于琢磨"每日的菜谱",一年365天,若按一日三餐,每餐三道菜,那么"365天×3餐×3菜",一年内就需要她们考虑出至少3285道菜。

再加上她们的"节约""节俭"的意识变得越来越强,她们会发愁这一日三餐的食谱。

那么,我们超市如何才能满足顾客的需求呢?首先请大家参考图表㉑。

我认为主妇们会经常想着如何做出"家中餐桌上的丰盛菜

图表㉑　打造"顾客想前来购买的店铺"

```
┌─────────────────────────────────────────┐
│  顾客并不是没有钱,仅是"不想花钱"而已!    │
└─────────────────────────────────────────┘
                    ↓
┌─────────────────────────────────────────┐
│  要让顾客"花钱",需要让顾客有想买的欲望!  │
└─────────────────────────────────────────┘
                    ↓
┌─────────────────────────────────────────┐
│  基于"节约""明智"的理念,提出"丰富餐桌"的提议  │
└─────────────────────────────────────────┘
                    ↓
```

基于『节约』『明智』理念的『丰富餐桌』建议：
- 孩子会非常开心
- 孩子会狼吞虎咽地吃得很香
- 孩子会感觉很阔气
- 一家人围坐在一起会很热闹
- 是对自己以及对家人的奖励

＋
- 节约商品
- 划算商品
- 行情市价低的商品

187

看",那么,我们可以将这一需求通过"故事"POP 的形式展现出来。

例如:

"170 日元就能买到一人份的麝香甜瓜,仿佛能听到您的家人在尝到甜瓜时的欢声笑语。

"今晚就来一次寿司 party!似乎能看到家人围坐在一起热热闹闹的场景。

"用西冷牛排一半的价格就能买到的美味肉排,更有益于健康。聪明的选择就能演绎出一把'小奢侈'的感觉。

"今天是女儿节,一年中只有这一天,允许小孩子们吃的甜食。"

像这样的"故事",我们可以尝试通过可视化的形式传达给顾客。

如果还能够将"节约(节俭)""实惠感""市价行情低"等方面也实现可视化就再好不过了。

男性一般会追求商品的"实用"以及"特性"方面的价值,女性则会追求"场景"以及"空间"方面的价值。

因此主妇们购买的并不是"商品"本身,而是通过那个商品最终呈现出的菜肴,以及一家人围坐于餐桌旁的温馨场景。

提升"顾客满意度"的标准

在沃尔玛店内悬挂着这样的标语横幅:"You must be 'satisfied' our policy guarantees it!"(以让顾客满意为己任,我们的经营理念是保证顾客满意。)

我认为,这就是应对今后"衰退时代"的关键要素。

那么,我们应该做到"哪些方面的满意"呢?

在此,我提议店铺务必"保证 3 个方面的满意"。

①保证"商品"的满意

所谓商品的满意,绝不仅是价格上的"便宜"。我们的目标是打造在"鲜度""美味""品种齐全""便宜"的全方位保证满意的店铺。

例如,我们可以对顾客做出以下承诺:

"我们非常乐意为顾客更换不满意的冷鲜商品。

"对于顾客不满意的任何商品,我们都非常乐意为顾客办理退货、退款。

"如果是顾客想要的商品,哪怕只有一件,我们也非常乐意为顾客进行采购。

"若商品的价格高于竞争店,我们非常乐意为顾客降价销售。"

②保证顾客"内心"的满意

今后,比起"物质"的满意,"内心"的满意度将会越来越高。

也就是说,保证顾客"内心"的满意将变得非常重要。

在沃尔玛中,只要顾客一走进店内,马上就能够听到"欢迎光临"的问候语。

这些店员如同高级酒店门口的门童,我们称他们为"接待员"。

这些人中以老年人居多,而他们在店铺中的职责如下,

a. 面带笑容迎客,热情问候"欢迎光临"。

b. 将购物车交给顾客。

c. 顾客携带容易被看作盗窃和混淆的物品时,为其贴上辨识标签。

d. 直接称呼熟客的姓名,与其交谈(记住顾客的样貌以及姓名也是接待员们的一项重要职责)。

e. 和蔼亲切地对待幼儿。

f. 礼貌且认真地回答顾客的问题。

g. 派发宣传海报单。

由此可见，接待员的工作，是为顾客提供其他员工经常忽视的服务。

日本也即将步入"老龄化社会"，在超市中若能够通过老年人来为顾客提供这样的服务，不正是相得益彰吗？

③保证"使用"满意

顾客在购买商品后，只要没有特别的理由，使用上的不满，通常卖方无从知晓。

但是，毫无疑问这将造成顾客的"压力"。

为此，对于那些"使用上不满意"的商品，我们是否应该考虑制定出一套"退换货"的制度？

如果我们能够消除那些以往卖方无法掌握的"看不见"的顾客"压力"，那么店铺就能赢得更多顾客的支持，从而培养出众多的"粉丝"。

我坚信，唯有像这样彻底提高"顾客满意度"，才能使店铺"创造出新的价值"。

第 7 章

消费低迷背景下各部门的超全对策

"靠好卖的商品来提高销售额,谁都可以做到,但只有将那些卖不出去的商品变成好卖的商品才能被称作真正的商人。"

(津村顺天堂元会长 津村重舍)

水果部门

近来，有不少企业在开展水果营销时，都没有灵活运用"应季"这一特性。

然而，在消费低迷的大背景下，"应季"的"可视化"以及对"应季"的灵活运用，有助于激活水果部门。

对策① 成为"应季先驱"，掌握主导权

众所周知，应季水果在上市之初，往往价格偏高。然而，换个角度来看，这意味着应季水果在上市后"可以用高单价展开销售"。

那么接下来，我们只需要思考如何才能通过"可视化"，打造出应季水果的"实惠感"。

如果只是将初上市的应季水果摆放在卖场中，那么可以肯定地说，水果完全卖不动。因此，我们就有机会创造出与其他竞争店的差异化。

这是因为在应季之初，其他竞争店都未开展销售，所以我们能抢占先机，先于其他竞争店铺售卖应季水果，而处于一种"无竞争"的状态。

也正因为如此，我们可以强势设定应季水果的售价。何况顾客对于这种"初上市"的水果所带来的诱惑，抵抗力也较弱。顾客也存在"想比别人都更早尝到应季水果"的潜在需求。

所以，我们需要抓住顾客的潜在诉求，并将这一诉求凸显出来，这就是店铺能成为"应季先驱"的关键。

以蔬菜为例，照片④⑤是店铺通过成为"应季先驱"并成功营销的案例。通过这两张照片，大家就能明白诀窍了吧。

营销成功的诀窍在于，要将商品的"便宜感"、"美味"以及"初上市"等特点，以可视化的形式完完全全地展现给顾客。

比起通过"售价"去表现商品的"便宜感"，可重点突出"一人份"的实惠感，或是店铺员工们亲口品尝过的真实感受。

还有一点，就是要通过"比任何人都能更早地吃到时令水果，怎么样啊？"的POP，强化顾客这一潜在诉求。

这样一来，即使商品的售价缺乏"实惠感"，也可以实现"超常值"的销售业绩。

这种做法的最大好处，就在于能够成为一种应对竞争店的有效对策。

通过比其他竞争店提前布局筹划，就可以掌握售价的主导权。

店铺间的竞争就如同体育比赛一样，谁获得了优先主导权，谁就能改变应季商品的"售价标准"。

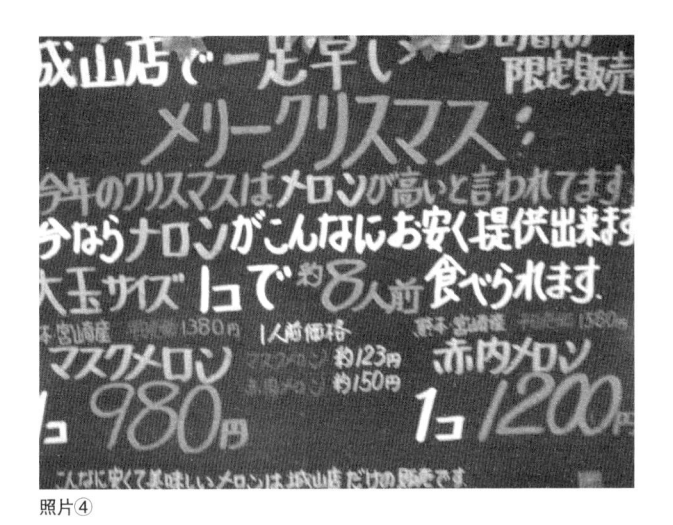

第7章 | 消费低迷背景下各部门的超全对策

照片④

照片⑤

和其他竞争对手相比，如果能更早地开展"超常值"销售，就等同于为竞争对手制定了"售价"的标准。

反之，如果被占得先机，抢下主导权，那么我们就只能遵循其他竞争企业所制定的售价"标准"。

可见面向应季抢占的时机不同，所得到的结果也将迥然不同。

然而，令人出乎意料的是，这种"应季先驱"所带来的效果并非尽人皆知。只有那些"水果支持率很高"的企业，才知道其中的"奥秘"。

所以我们一定要先发制人，成为"应季先驱"，掌握价格的主动权。

对策② "应季"水果需要"量感惊喜"

应季水果大量上市时，各大超市水果的售价会相差无几。

这时若想通过售价方面的微小差异来和其他竞争对手决一胜负，结果只能是一败涂地，根本无法确保"毛利额"。

而且，消费低迷的背景下，由于顾客已经习惯了随处可见的"便宜"，所以他们对于店铺之间进行的"价格大战"大多是无动于衷的。

为了改变这种现状，店铺必须为顾客制造"surprise（惊喜）"，而且必须是"便宜"以外的惊喜。

第7章 | 消费低迷背景下各部门的超全对策

而在营销方法中,最容易给顾客制造出这种惊喜的方法就是"量感陈列"。

也就是商人传道师流派的"量感惊喜"(照片⑥),这是基于"3-3-3陈列原则"的"超常值展示效果"。

照片⑥

看到这样的光景,顾客会首先惊讶于商品的"量感",也就无心再去关注商品便宜与否,就会不由自主地购买。

而且,比什么都重要的是由于是大量采购,所以采购成本会大幅降低。无论怎样,因为是当季,市面上应季水果的供应源源不断。

通过"量感陈列"来为顾客制造惊喜,这就是在正当季,销售应季水果的"奥秘"所在。

199

但是，即便"量感陈列"有诸多好处，大多数企业仍不会轻易选择挑战"量感惊喜"。

这是为何呢？其原因在于企业担心"损耗"。

几乎所有企业在开展这种量感陈列前，都会存在这样的顾虑："这么多的商品，如果卖不完怎么办……"

实际上解决这种顾虑也存在"秘籍"，即在店铺推行"少量折扣"、"试吃促销"以及"现场演示促销"。

一旦发现商品"可能卖不完了"，就马上通过少量打折实现售罄。还可通过"试吃促销"，让顾客品尝、试吃。

通过试吃可能会吸引部分顾客前来购买，毕竟时令水果正值当季，很美味。如果这种试吃也能通过"现场演示"的方式展现出来，那就更锦上添花了。

总之，若想实现优异的业绩，就要求店铺具备"售罄能力"。

听到这儿，您一定会恍然大悟："什么！原来如此啊！"的确，就是这么简单。

即便解决对策如此简单，但还是有不少企业不断纠结于"卖不出去怎么办"的"魔咒"，最终错失良机。

对策③ "应季后期"，"味道"是关键！

水果有"过季"的说法。抓住水果"过季"的时间点的营销方法，就是开展"应季后期"的销售。

几乎所有企业都会推行这种"应季后期"的销售，因为能够出乎意料地实现"盈利"。

然而，即便过季水果价格低廉，但由于营销过程中会产生大量损耗，所以实际上，通过这种商品的销售其实并不能带来很高的利润。

这是因为，水果一旦过季，其味道也会随之"一落千丈"。那些回头客也会随着水果味道的下降而骤减。

因为这些顾客已经在"应季先驱"和正当季时，品尝过应季水果应有的美味，而且这个味道至今还萦绕在他们的脑海里。所谓"用大脑品尝水果"说的就是这个道理。

因此，作为店铺，必须对味道进行严格把关。

只要能够保证过季水果，和其应季时的味道相比，不存在那么明显的差异即可。这样一来，由于是过季水果，成本必能大幅下滑，如果采取超常值的销售策略，就能实现盈利。

由此可见，对"味道"的把关才是重中之重。正如我一直强调的"不要一味地关注价格！更要重视味道！"。

另外，还可以为顾客提供具有"新价值"的商品，这也是"应季后期"特有的乐趣。

由于水果每天都在进行品种改良，所以新品种在每年都层出不穷。

柑橘、葡萄、苹果等均是如此。而且，这些新品种水果都是在"过季"上市。

我们可以为顾客提供比以往的应季水果更加美味的新品种。

这就是所谓的"蓝海商品"，是能够"创造新价值"的商品。

只要通过和以往水果的"对比试吃"，并将两者"味道"的差异以"可视化"的方式呈现出来，商品就能实现百分之百的畅销（照片⑦⑧）。

照片⑦

而且凭借这一点，就能突出和其他竞争企业的差异化，还能增加回头客，最终实现销售额的提升。

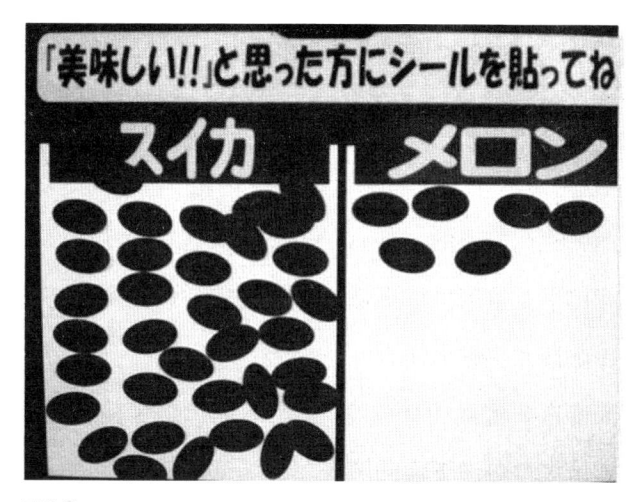

第 7 章 | 消费低迷背景下各部门的超全对策

照片⑧

蔬菜部门

在消费不景气的大环境下，蔬菜似乎被定位于"便宜"的象征。

所以蔬菜部门成了加价率和毛利率都不断急剧下滑的部门。

然而如今，蔬菜部门不再和以前一样，是"价格诉求"一边倒，反而渐渐成为"价格诉求"之外的"战略"部门。

充分理解这一点的企业，即便是在消费低迷的环境下，无论是销售额，还是毛利率都依然能获得大幅增长。

对策① 3种"便宜"的可视化

蔬菜部门作为 PI 值高的部门，是不能脱离"便宜"这一概念的。

然而，我们所说的"便宜"究竟含义何在呢？

是相比于竞争店价格更低，称为便宜？还是商品一律 98 日元或是 100 日元，称为便宜？

商人传道师流派的"便宜"，实际上包含 3 种不同的定义，具体内容请大家参考下面的图表㉒。

图表㉒ 实现3种"便宜"

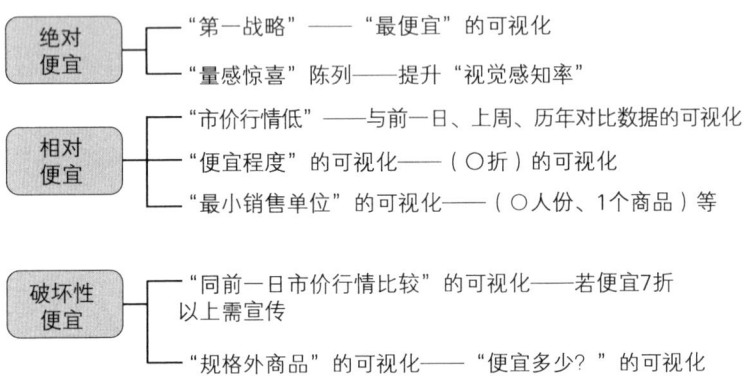

- **绝对便宜**
  - "第一战略"——"最便宜"的可视化
  - "量感惊喜"陈列——提升"视觉感知率"
- **相对便宜**
  - "市价行情低"——与前一日、上周、历年对比数据的可视化
  - "便宜程度"的可视化——（〇折）的可视化
  - "最小销售单位"的可视化——（〇人份、1个商品）等
- **破坏性便宜**
  - "同前一日市价行情比较"的可视化——若便宜7折以上需宣传
  - "规格外商品"的可视化——"便宜多少？"的可视化

首先是"绝对便宜"，这是一直以来所强调的"便宜"。

实现这种"绝对便宜"，关键是要做到"本地最便宜"的可视化。

所谓"绝对便宜",如果不能达到之"最",就无法赢得顾客的好评。

因此,这种"最便宜"的信息传达给顾客的可视化程度高低,对集客效应所产生的影响非常巨大。

其次是"相对便宜"。

如果只是单纯地推行商品的"绝对便宜",最终将无法确保毛利率。

这是由于其他竞争企业的价格成了"标准"。

所以,为了确保实现"本地最便宜",商品在价格设定时就会脱离商品的行情市价。

然而,"便宜"的含义并非仅限于此。

实际上,还有一种属于"便宜且赢利"的便宜。这就是我们所说的"相对便宜"。

所谓"相对便宜",是指企业内部自己制定"便宜的标准",并将这种"便宜"以可视化的形式表现出来。

众所周知,蔬菜都有"市价行情"。

比如"昨天 100 日元的白萝卜,今天就上涨到了 150 日元""昨天 200 日元的生菜,今天可能就下降到了 100 日元"。

像这样价格波动的情况非常普遍。也正因为如此,这种生意非常有趣。

然而,大部分企业都没有将蔬菜"市价波动"进行可视化。

如果我们能做到"市面的浮动价格"的可视化，就能向顾客强调商品的"便宜"，进而确保"毛利率"。

以上就是"相对便宜"的概念。照片⑨就是超市将"相对便宜"的可视化在卖场中展示的具体实例。

照片⑨

就像这样，通过"便宜○○日元""打○○折扣"这些信息的可视化，既能让顾客切实感觉到商品的"划算感"，也能让销售方因蔬菜市价偏低，而实现盈利。

最后是"破坏性便宜"。

某种蔬菜，如果以比上周或前一天便宜"3折以上"的价格出售，就可称为"破坏性便宜的商品"。

"破坏性便宜"的商品同"相对便宜"的商品一样，属于一种"看起来便宜但赢利"的便宜。

第 7 章 | 消费低迷背景下各部门的超全对策

特别是，这种"破坏性便宜"的商品由于价格相比上周或前一天便宜了 3 折以上，销售量必然会增加，从而成为能够确保毛利额的商品。

但问题的关键是，究竟如何实现这种"便宜"的可视化呢？

照片⑩中所示的"竖长型大尺寸 POP"，就是将"破坏性便宜"进行可视化的具体实例。

照片⑩

而且，店铺借助"量感惊喜"的陈列，也打造出了商品"便宜"的可视化。

这样一来，就能实现"超常值"的业绩销售，也就成了蔬菜部门中"畅销且赢利"的商品。

现如今，由于低价出售的商品随处可见，顾客们也开始习

207

惯商品的便宜。

若是"便宜没有惊喜",那么顾客就会无动于衷。

因此,例如:"诶?!怎么会有这么便宜的蔬菜!""是啊!昨天还198日元,今天就128日元了,真是便宜啊!"顾客需要这样的惊喜和刺激。

而能完美贴合顾客心理的恰恰就是这种"破坏型便宜"的可视化。

实际上,只要理解了这"3种便宜",采购们的思维方式就会发生转变,采购方式也会随之而变。

这是因为他们会以"怎样才能做到相对便宜和破坏性便宜的可视化呢?"的思维方式来采购,所以采购方式自然会变得更加严格。

对策② "可用于多种美味菜肴"的可视化

在大多数超市的蔬菜卖场中,平台货架的陈列展示上都会采用"食谱"提案的形式。

然而,大家对于超市推荐的食谱,难道没有任何"质疑"吗?

"为什么冬天=火锅?"

"为什么夏天=沙拉?"

在这里,我们需要"基于常识去挑战非常识",如今大部分家庭都安装有空调。"即便是在冬天,也有不少家庭的餐食以沙拉为主""即使是在夏天,也有很多家庭喜欢围坐在一起,涮火锅吃"。

因此,那些千篇一律的推荐食谱,真的能吸引到顾客吗?

在消费低迷的背景下,想要通过如此老套的"推荐食谱"提高购买数量,显然是天方夜谭。

那么究竟怎样做,才能提高购买数量呢?方法就是要将商品的"用途和功能"进行可视化。

在夏季,"来点便宜的大白菜怎么样?可炒可腌,还可以用来做酱汤"。

在冬季,"买点芦笋怎么样?除了用于拌沙拉,还可炒可炸,也能用来炖菜"。

只要将这种"用途广泛""万能蔬菜"的概念彻底进行可视化,并配合前面所述的"3种便宜"的销售方式,商品就能实现畅销大卖。

必然会是如此,"由于行情走低,所以价格也低,而且能用来做多种菜肴",只要将这种概念实现可视化,即便是在消费低迷期,顾客们也会趋之若鹜吧。

相反,"冬季啦!正是涮锅的好时候,我们为您准备了涮锅蔬菜""炎炎夏日,来点爽口沙拉如何?",对于超市这样毫无新意的宣传,顾客只会置若罔闻。最终能听到的来自顾客的反馈只能是:"这还用说？我当然知道！"

顾客们真正的心声是:"我们追求的是更便宜、更新鲜、更有用的蔬菜！"

对策③ 出售"蓝海"蔬菜

如今,"衣食住行"四个方面无一例外,全都陷入了通货紧缩的状态。这意味着几乎所有东西都进入了可以"低价购买"的状态。

所以我推测,顾客手里其实存在着可以"自由支配的资金"。

也正因为如此,蔬菜的营销不应该只推行"低价一边倒"的策略。

特别是当顾客的饮食呈现出"由在外就餐向家庭回归"的趋势的话,就更不能一味地推行低价策略了。

不同于水产及肉类,蔬菜中的"美味珍馐"其实价格并没有那么贵,基本都是在普通人能够消费得起的平价范围内。

受"健康取向"的影响,蔬菜越来越受关注。

虽然不是严格意义上遵循"5A Day（每日摄入至少 5 种蔬菜和水果)"的健康饮食计划,但如今的人们还是提倡"1 天内要摄入至少 5 种蔬菜"。

然而,实际上对于我们来说,保证每天摄入多种及大量蔬菜,其实并不容易做到。

因此,顾客们希望哪怕蔬菜种类少一些,也应是"天然味道"或"好吃"的蔬菜。

而"超甜番茄"和"超甜红薯"的热卖,就明显地体现了顾客们对于蔬菜在味道这点上的诉求。

也正因为如此,我们需要为顾客推出更多具有"新价值"的商品提案。

请大家参考图表㉓。

图表㉓从"高糖度""高品质""新趋势"三个方面的切入点对蔬菜进行了总结。当然图表中所示商品并非全部,除了这些商品,还存在各种各样的切入点。

例如"圣诞&年末商战"中,超市在推销豌豆时推出了各种提案(照片⑪)。

这种商品因此成为超级爆品。它既能用于沙拉,又能用作下酒小菜,而且还是"高单价"的商品。只要我们将豌豆的用途实现可视化,就能助其成为超级爆品。

如果只是固守着"哪有冬天吃豌豆的?"的固有观念,自然不会衍生出富有创意的想法。

然而,在大棚种植技术不断进化,"生物栽培"技术也在不断发展的今天,类似冬季豌豆的符合"新潮流"的商品还有很多处于沉睡状态,亟待开发。

图表㉓ "蓝海蔬菜"实例

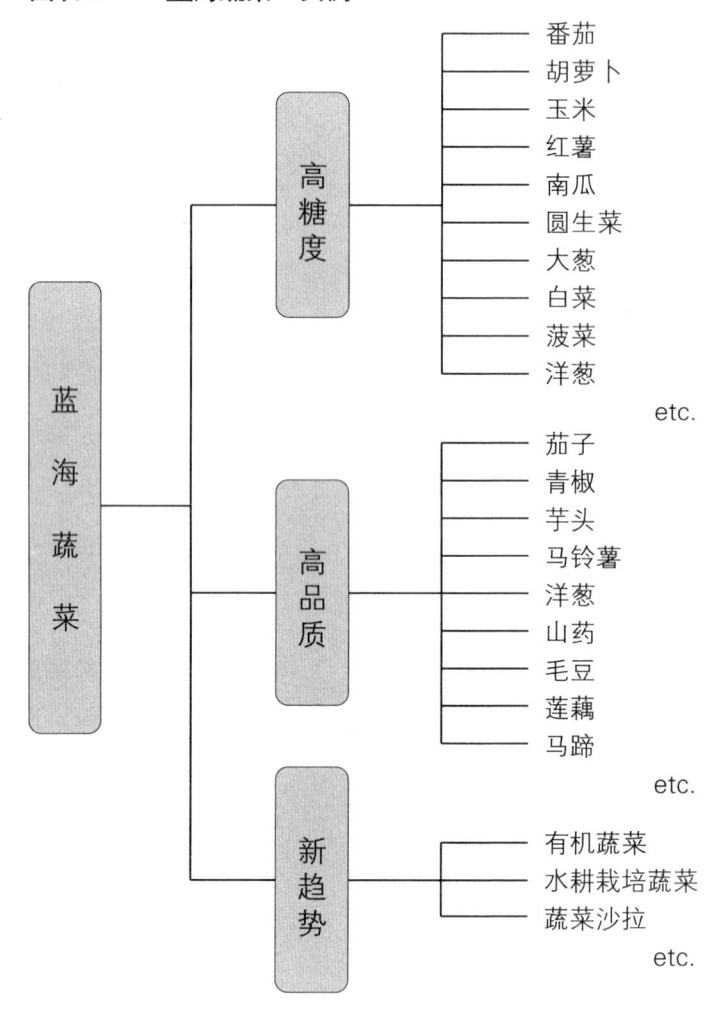

```
                         ┌─ 番茄
                         ├─ 胡萝卜
                         ├─ 玉米
                         ├─ 红薯
                    ┌高糖├─ 南瓜
                    │ 度 ├─ 圆生菜
                    │    ├─ 大葱
                    │    ├─ 白菜
                    │    ├─ 菠菜
                    │    └─ 洋葱
                    │                    etc.
                    │    ┌─ 茄子
                    │    ├─ 青椒
                    │    ├─ 芋头
蓝                  │    ├─ 马铃薯
海 ─────────────────┼高品├─ 洋葱
蔬                  │ 质 ├─ 山药
菜                  │    ├─ 毛豆
                    │    ├─ 莲藕
                    │    └─ 马蹄
                    │                    etc.
                    │    ┌─ 有机蔬菜
                    └新趋├─ 水耕栽培蔬菜
                      势 └─ 蔬菜沙拉
                                         etc.
```

照片⑪

我们必须改变一直以来的"沙拉=番茄、黄瓜、莴苣"这样的固有观念,是时候做出改变了。

对策④ 具备"售罄能力"

如今,随着后场设备的不断进化、卖场的照明以及货架道具的完善进步,再加上长时间营业等因素的影响,店铺"售罄能力"急剧下降。

因此,"毛利额"低下的状态仍在持续,何况我们所在的社会也正陷入消费低迷的时期。

店铺如果不具备"售罄能力",不良库存将不断积压,卖场商品的鲜度就会下降,并产生更多的损耗。

为此，我们需要恢复店铺的"售罄能力"，这将成为蔬菜部门面临的重要课题。为此，我为大家提出4个"改革"方案。

a. 根据目标销售额来制定平台货架陈列计划

这本是"理所应当"的做法，但正因为做不到这种"理所应当"，才导致店铺失去应有的"售罄能力"。

只考虑"明天要在平台货架上摆放什么商品"的话，将无法使店铺具备"售罄能力"。这就要求我们必须改变思维方式。

我们应转换成这样的思路："由于明天这个货架上的目标销售额是〇〇日元，所以为了达到这个目标，这种蔬菜应该这样陈列！"

要知道，思维方式的差之毫厘，结果将是谬以千里。

b. 遵循"后场零库存标准"

我经常被问到这样的问题："库存天数应设定为多少天才合理呢？"

我通常会回答"后场零库存才是标准"。

所谓"库存天数〇天"，其本身的出发点是维持库存是理所应当的，那么店铺自然就会失去"售罄能力"。

总之，我们要以后场零库存作为标准，要求"今天采购进来的蔬菜，就应该全部上架销售"，这样的话，就能培养出"售罄能力"。

c. 对超常值销售进行奖励

由于员工们"通过大量销售获得喜悦"以及"通过策略性销售获得喜悦"的意识薄弱，所以店铺的售罄能力越来越低。

要想提高售罄能力，就必须不惧失败，拿出行动，不断挑战。

而作为公司层面，一定要对果敢进行挑战的员工给予公平正当的"评价"。

d. 对于积极销售进行奖励

对于那些积极推行"试吃促销""现场演示促销""故事营销"的员工，公司一定要全力给予褒奖。

我认为，"如果不积极推行那些烦琐而麻烦的工作，就绝对不可能提高售罄能力"，而且"毕竟我们正处在消费低迷期，只是单纯地摆放商品，怎么可能将商品销售出去"，所以要将那些"烦琐而麻烦的工作"进行到底。

唯有当我们能将那些烦琐而麻烦的工作当作习惯时，才能有助于我们获得售罄能力。售罄能力，对于鲜度下降严重的蔬菜部门来说，是必不可少的"中坚力量"。

水产部门

水产部门持续处于"结构性萧条",还由此引发了更加严重的"消费低迷"。

然而,这种"消费低迷"的境况,实际上也成为能激活水产部门的"起爆剂"。

不得不说,作为一直以来销售萎靡的部门,却能因为"消费低迷"而峰回路转,确实也是一件具有讽刺意味的事情。

对策① 实行"质优价廉"战略

"质优价廉"战略是所有企业为了冲破消费低迷期而实施的共同策略。

所谓通货紧缩,就是商品单价越高越卖不出去。因此,采购们通过保证"包销"来进行大量采购的话,就能大幅降低商品的进价。

那些能够发现这一好处的企业,就能在不降低品单价的前提下,实现销售额的提升。

例如,图表㉔中所示的商品,

这些商品比以往的畅销商品更加优质,且市价更低,只要

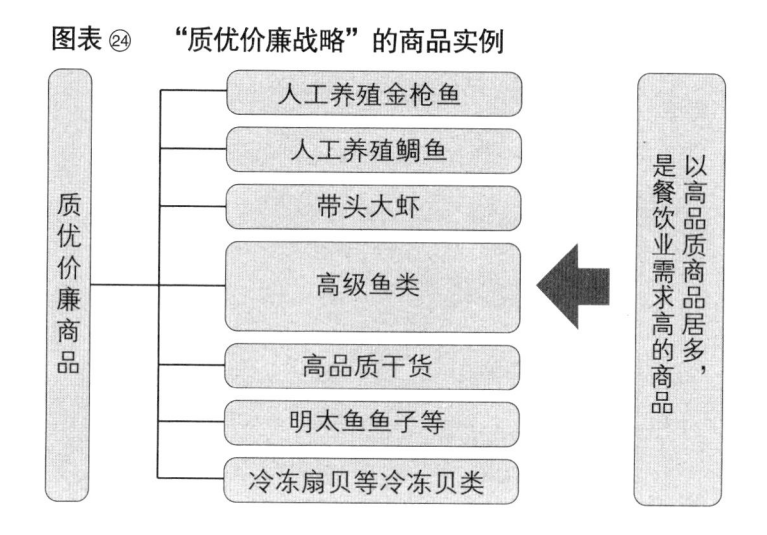

图表㉔　"质优价廉战略"的商品实例

```
                ┌─ 人工养殖金枪鱼
                ├─ 人工养殖鲷鱼
                ├─ 带头大虾
质优价廉商品 ──┼─ 高级鱼类        ⬅  以高品质商品居多，
                ├─ 高品质干货            是餐饮业需求高的商品
                ├─ 明太鱼鱼子等
                └─ 冷冻扇贝等冷冻贝类
```

将商品的这些特点进行可视化，商品就能畅销。

那么，到底如何让顾客关注到商品的"高品质"呢？

又如何让商品的"低价格"对顾客来说直观可视呢？

重要的是将商品"会低价出售"的原因进行可视化（照片⑫）。

我们需要明白，如果只是简单将商品陈列出来，恐怕很难销售出去，所以我们应实施"可视化"。

然而，遗憾的是，很多水产负责人并不擅长实施"可视化"。很多企业在挑战"质优价廉"战略中以失败告终。

这种"质优价廉"战略，其实等同于"新价值的创造"。

由于这是迄今为止顾客们从未体验过的一种"新价值"，因

217

照片⑫

此，如果不能实现"价值的可视化"，就等同于不能"创造"价值。

对策② 从"同价销售"向便宜的可视化转变

在关于蔬菜部门的章节中，我阐述了关于如何实现"3种便宜"的可视化的相关内容。

水产部门和蔬菜部门一样，是受到"市价行情"波动影响的部门，因此这些方法也同样适用于水产部门。

然而，除此之外，水产部门还有其他可打造商品"便宜"的可视化方法。

水产部门区别于蔬菜部门的一点是，水产部门内存在很多

"附加价值"很高的商品。例如生鱼片或生鱼段，半成品熟食、家常熟食等都属于这类商品。

图表㉕所示的正是将这些商品"便宜的可视化"的具体实例。迄今为止，水产部门为了打造商品的"实惠感"，都是朝着类似于"一袋208日元""3片装380日元"，这种"同价销售"的策略的方向进行销售。

然而，这种"同价销售"的策略，在消费不景气的当下成为瓶颈。

比如，下面这两种售价，大家认为哪一种看起来更加便宜呢？

"鰤鱼片3片装380日元"和"鰤鱼片100g 198日元"，很难判断哪个商品更加便宜吧。

那么，如果我们采用这样的表述呢："鰤鱼片3块380日元""鰤鱼片比原来定价便宜了3成，100g 198日元"。

结果显而易见，当然是"计量销售"看起来更加便宜。

而且比什么都重要的是，通过这种"计量销售"，能增加SKU数。

这样一来，就能使"便宜卖、提高单价"成为可能。

如果按"同价销售"，那么商品越便宜，销售单价越会下滑。这样一来就很难打造SKU，也会因同价销售导致SKU比较固定。

图表㉕ 便宜的可视化

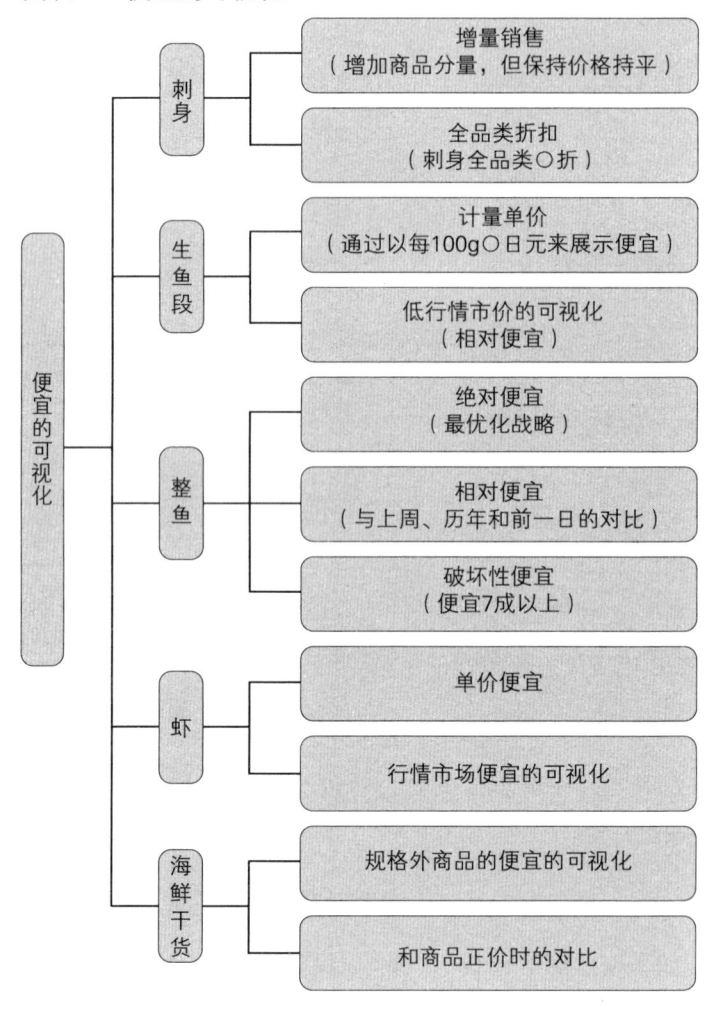

- 便宜的可视化
  - 刺身
    - 增量销售（增加商品分量，但保持价格持平）
    - 全品类折扣（刺身全品类〇折）
  - 生鱼段
    - 计量单价（通过以每100g〇日元来展示便宜）
    - 低行情市价的可视化（相对便宜）
  - 整鱼
    - 绝对便宜（最优化战略）
    - 相对便宜（与上周、历年和前一日的对比）
    - 破坏性便宜（便宜7成以上）
  - 虾
    - 单价便宜
    - 行情市场便宜的可视化
  - 海鲜干货
    - 规格外商品的便宜的可视化
    - 和商品正价时的对比

不过，在消费低迷期，我们绝不能采取这种"便宜卖、降低单价"的做法。

因此我们需要通过这种"便宜的可视化"的方式，销售那些"便宜卖、提高单价"的商品。

对策③ 提高"订货能力""销售能力"标准

图表㉖是提高"订货能力"以及"销售能力"标准的方法。

图表㉖ 提高"订货能力"以及"销售能力"标准的方法

```
                    ┌─ 形成以"目标销售额为标准"
                    │  来订货的习惯
营销              │
销能  订货能力    ├─ 以"后场零库存"为标准，
能力  的标准      │  掌握售罄能力
力                  │
                    ├─ 鼓励"超常值销售"，
                    │  获得成功体验
                    │
                    └─ 通过"少量折扣"等策略
                       缩短销售期限
```

首先，要形成以"目标销售额为标准"来订货的习惯。

"因为明天的目标销售额是〇〇日元，所以要下单〇〇日元"，形成这样的订货意识至关重要。

但未能做到这一点，而是变成了"为了在卖场全面铺货而下单"。如此导致销售额的每况愈下。

因此，我们需要以"目标销售额"作为标准来订货，并形成习惯，这样有助于提高"订货能力"的标准。

接下来是"后场零库存"的标准。

众所周知，对于水产品，"鲜度就是一切"。但即便如此，后场中仍会有一定的库存。

销售的基本原则应是，"今天采购进来的商品，就应该全部上架销售，并售罄。"

对于"鲜度就是一切"的生鲜部门而言，这样的做法必然会成为应对销售不振的有效对策。

因此，店铺需要以"零库存"作为标准，掌握售罄能力。

另外，还推荐大家实行"超常值销售"的策略，通过让员工感受"因大量销售获得喜悦"以及"因策略性销售获得喜悦"的成功体验，最终将有助于提高销售能力的标准。

"超常值销售"确实伴随风险，但正因为有风险，才更需要全力以赴将商品售罄。只要我们能打造出"不惧失败"的企业文化，推进"超常值销售"的策略，就一定能够提高销售能力的标准。

其次，需要"缩短销售期限"。特别是对"海鲜干货"以及"冷冻（包含解冻）"商品，这一策略非常有效。

商品上架期限若能大幅度缩短，就能以更少的折扣将商品全部售出。即所谓的"强制性提高商品的周转率"。

这样一来，销售能力的标准必然得以提升，同时能降低损耗。

对策④　水产采购的意识改革

首先，我想问水产采购们一个问题。

"走量商品、特价商品的加价幅度必须低吗？"

回答"Yes"的采购们，就有必要进行意识改革了。

那么，对于回答"No"的人，我再问另一个问题。

"越是走量商品、特价商品，加价率就应该越高吗？"

回答"Yes"的人就没有问题。用这种策略的话，有七成把握能应对当前的消费低迷。

而回答"No"的采购们，或觉得也许是"No"的采购们，也需要进行意识改革。

实际上，水产部门不同于蔬果部门以及食品杂货部门，属于"越是走量商品，越是特价商品，就越能实现盈利（加价率比较高的情况）"的部门。

这是由于水产部门能通过"包销"的采购方式，大幅降低采购成本。

当然也有部分近海鱼类以及整鱼类的水产品并不适用，但大约70%的水产品能通过"包销"的方式，实现降低采购成本的可能。

总之，请大家务必摒弃这种"走量商品、特价商品不赢利也无所谓"的观念。否则就无法提高卖场负责人的"销售能力"和"订货能力"。

卖场的负责人如果发现"越是拼命推销走量商品或特价商品，毛利率就越发下滑"，就绝对不会积极开展销售。

于是负责人就不敢大胆"订货"，更不敢扩大排面开展"走量销售"。

这正是造成水产部门一直以来销售不振的罪魁祸首。

因此，我对所有客户企业的采购一直这样强调：

"如果要开展走量销售，首先需要决定商品的售价，接着决定加价，然后才能决定进货的成本价。为了能实现这一成本价，就需要采购们和供货商协商谈判，若想要实现这一成本价，需要达到多少采购量。"

于是，那些认为"简直是天方夜谭！"的采购，抱着怀疑的态度勉强试了一下，结果竟然发现采购成本出现了下降，而且是不断下降。正是在那个时候，采购们的意识和行为开始发生了转变。

当确保达到"加价率"指标后,采购对卖场负责人的指示也会随之发生转变。

"只要大力推销这种商品,就一定能提高毛利率!"

"一定要达成同比〇%以上的销量!否则下次的采购成本就会上涨!"

"总之,因为这些都是低价卖也能赢利的商品,一定要全力推销!"

就像这样,采购们发生了巨大转变。

总而言之,水产部门是一个"低价卖也能赢利"的部门。

对策⑤ "深受儿童喜爱的商品"和"多功能的商品"

当进入消费低迷的状态时,顾客们的购买心理发生了怎样的变化呢?

您是不是也有相同的感受:

"为了节省开支,得减少晚餐的菜品数。"

"那么,要减少哪一种呢?"

"一直以来,晚餐时大人和孩子的菜都会分开,餐桌上被摆放在一起,减少菜品,不就意味着不再分开吃吗?"

"那么,要偏向哪一方呢?"

"必然会偏向儿童餐吧。"

"这样的话，相比于鱼类，肉类可能更受孩子们的欢迎。"

"如此一来，如果超市的鱼类商品不能面向儿童或是不在节约意识方面实现可视化，自然就卖不出去。"

于是，我自己像这样运用"问题思考"法进行了分析。得出的结论是，"如果卖场不推出孩子们喜欢的商品以及多用途、多功能的商品提案，那么在消费低迷的背景下，销售额将会越来越恶化"。

因此，我建议客户企业应积极推出"孩子们喜爱的商品提案"以及"多用途、多功能的商品提案"。

就像图表㉗所示的商品。

看到这样的商品，您是否也察觉到，卖场里其实意外地存在众多尚未被发现，且未被推销的商品？

然而，如果这些商品不添加"故事"POP，就不容易吸引到顾客的目光。所以，我们还必须对这些商品添加"故事"POP，并彻底展开销售活动（照片⑬）。

这样的话，商品就会实现畅销热卖……而且会诞生出更多新的畅销商品。

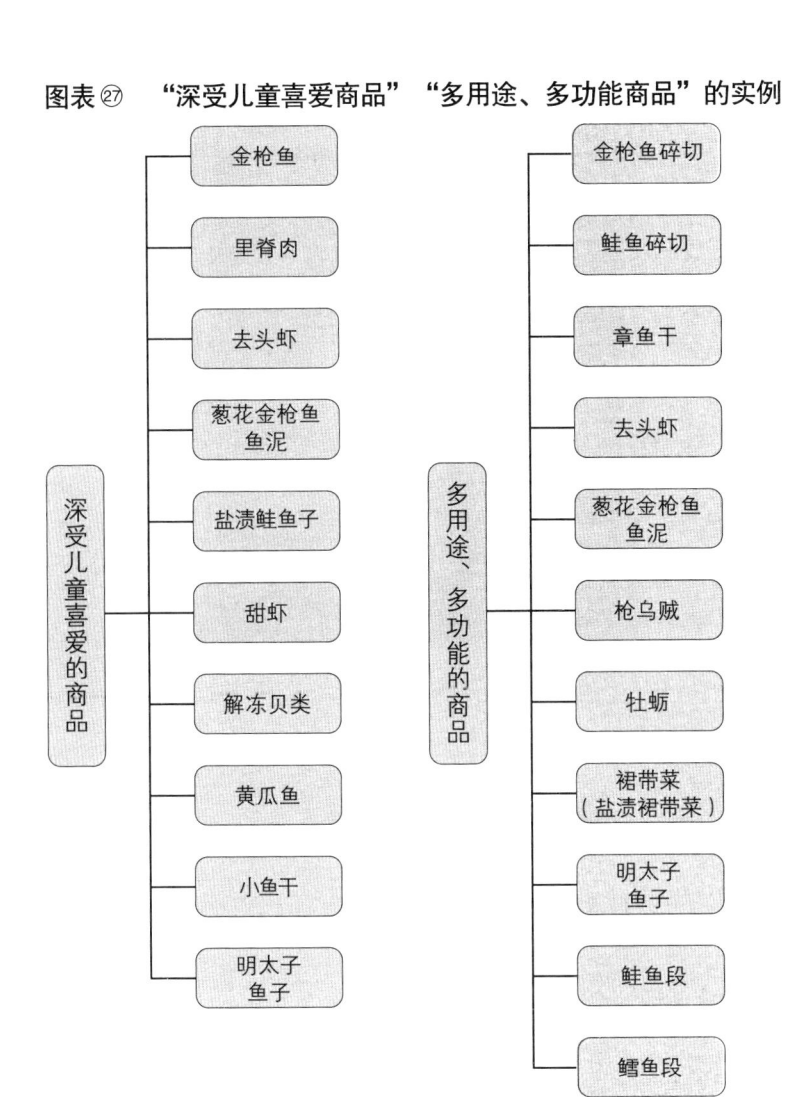

图表㉗　"深受儿童喜爱商品""多用途、多功能商品"的实例

深受儿童喜爱的商品：
- 金枪鱼
- 里脊肉
- 去头虾
- 葱花金枪鱼鱼泥
- 盐渍鲑鱼子
- 甜虾
- 解冻贝类
- 黄瓜鱼
- 小鱼干
- 明太子鱼子

多用途、多功能的商品：
- 金枪鱼碎切
- 鲑鱼碎切
- 章鱼干
- 去头虾
- 葱花金枪鱼鱼泥
- 枪乌贼
- 牡蛎
- 裙带菜（盐渍裙带菜）
- 明太子鱼子
- 鲑鱼段
- 鳕鱼段

227

照片⑬

对策⑥ 各品类需发起"新挑战"

a. 冷鲜食品的"新挑战"

"刺身拼盘=宴客美食"的时代迎来了尾声。

如今,"寿司"一跃成为宴客美食的主流。

也就是说,我们可以建立这样的假设,比起"刺身拼盘","手卷寿司套餐"更有市场需求。

我们应注意，在周末以及节假日时，人们的宴客美食已经由"刺身拼盘"向"手卷寿司套餐"转变。

另外，对于"金枪鱼"这种商品，一直以来都是以"金枪鱼切片"为主体的销售方法，日前也悄然发生了改变。

销售方法上，比起"金枪鱼切片"，"便宜且用途多"的"金枪鱼碎切"成为主流。这种碎切的料理用途非常广泛，价格也很便宜，还不需要用刀具再进行处理。

甚至可以说，如今已经进入了"金枪鱼碎切"的时代。

b. 生鱼段系列的"新挑战"

迄今为止，一提到生鱼段的菜谱，就是"烤鱼""炖鱼""煎鱼"等。

然而，这些菜肴根本不能得到孩子们以及年轻妈妈们的喜爱。

那么，他们青睐的究竟是什么样的菜谱提案呢？首先就是"烤鱼排"。

例如"烤三文鱼排""烤金枪鱼排""烤鲥鱼排"等，这些菜谱提案能够让"餐桌上的菜品看起来更加丰盛多样"，所以更受到人们的欢迎。

另外，这些菜肴"烹饪简单，价格方面相比牛排又更加实惠，且更加健康，也深受孩子们的喜爱"。

如果能将这些商品进行可视化,它们就很有可能成为"热销爆品"。

如今或许已经不是"牛排"盛行的时代了,已经迎来了"海鲜排"盛行的时代。

另一个深受青睐的菜肴就是油炸食品,如"炸鲥鱼""炸三文鱼""炸鳕鱼"等,这类鱼刺少,也因此得到了顾客们的偏爱。

水产类油炸食品中,最具代表性的就是"炸虾"。

只是人们若是经常吃"炸虾",也总有厌烦的一天。

也正因为如此,顾客们期待店铺能给出更多新菜谱的建议,特别是能"深受孩子们喜爱"的新食谱。

因此,我们必须从"生鱼段=炖鱼、烤鱼或是煎鱼"的条条框框中挣脱出来,打开思路。不知大家是否能够领悟到这一点……

c. 虾、蟹类的"新挑战"

虾类商品还有很大的成长空间。然而,对主妇们来说,处理虾是一件非常麻烦的事情。

因此,今后必须对虾类商品进行"代加工",提高这类商品的附加价值。

例如,卖场可以推出"鱼餐厅的炸虾""傍晚新鲜出炉的面

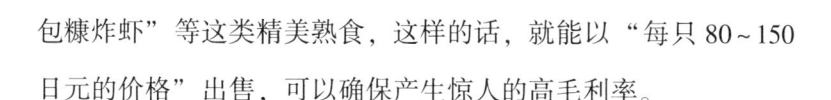

包糠炸虾"等这类精美熟食，这样的话，就能以"每只 80~150 日元的价格"出售，可以确保产生惊人的高毛利率。

此外，如今已经迎来不用"挑虾线"或"剥虾壳"的"去壳虾"时代，烹饪也开始向简单快捷的"轻烹饪"转换。

因此，店铺必须强化这种"去壳虾"的销售。

另外，就是对螃蟹类产品发起"新挑战"。首先需要改变螃蟹的处理方法。

享用螃蟹的时候，最麻烦的就是"剥蟹肉"，所以只要将"剥蟹肉"进行商品化即可。正如照片⑭所示的"筒切蟹肉"，将蟹爪纵向切开两片，处理成顾客容易入口的形状，就能大大增加其附加价值。

照片⑭

还可以像"清蒸螃蟹"那样，超市尝试挑战在加工中心，将非冷冻的螃蟹清蒸的做法。

由于顾客对于冷冻食品和非冷冻食品的支持力度差异极大，而螃蟹是有潜力成为"独特化商品"的，请务必尝试挑战。

"用途广泛"以及"晚餐用干货商品"的提案

d. 贝类的"新挑战"

提起贝类，就是"蛤仔"和"蚬肉"。

不过，今后必须对"美食级"的贝类开展走量销售，例如"带壳扇贝""活海螺""冷冻鲍鱼""冷冻海螺肉"等都可以作为候补商品。

大家是否知道，现如今扇贝、海螺、鲍鱼（冷冻）等，这些商品的价格已经非常平易近人了。

即便如此，在顾客看来，这些商品仍属于"美食级"的海味。

因此，可以通过打造"餐桌菜品的丰盛和便宜"的可视化，对其进行重点营销。

这样就一定能创造出"新市场"。

e. 海鲜干货类的"新挑战"

"海鲜干货＝早餐"，这是人们普遍的认知。

但是现如今，日本50%以上的家庭的早餐以面包为主，日式早餐的比重正在逐渐减少。

在这样的背景下，若我们只推出"海鲜干货＝早餐"这样的提案，销售额能实现增长吗？

对于这类呈下降趋势的商品，无论我们在营销上怎么努力也难以实现销售额的增长。

所以必须改变"提案"。首先就是关于商品"用途广泛"的提案。

"小鱼干"和"鱼子"，除了能用作早餐，还有很多其他用途。我们应该将这些用途彻底进行可视化。

例如："小鱼干可做盖饭，做沙拉的配菜，无论沙拉还是意面都可以使用，趁着便宜多买点怎么样啊？"

"鳕鱼子有很多用处，比如用来制作意大利面、手卷寿司以及作为比萨的配料等。不如趁着便宜多囤些？"

通过类似这样的宣传，让顾客看到这些商品"用途广泛"，以此来展开推销。

不管怎么说，这些商品都是"每100g单价"很高的商品，所以是能够创造高单价的商品。

接下来是对"晚餐用干货"的提案。

大家看过居酒屋的菜单就能明白，"包含干货的菜单"非常多。这也是"晚餐用干货"之所以畅销的原因。

烤花鲫鱼干和烤红金眼鲷鱼干等一条的售价在300日元以

233

上，我们可以为商品配上这样的POP，"作为晚餐的食材怎么样？一条大约是3人份，味道无比肥美"。

如今，已经不是"一条100日元"的早餐用海鲜干货的时代了。

另外，就是"珍馐商品的多品种小包装"策略。如今，生珍馐类商品的销售，大多以单品的大容量销售为主。

然而，顾客存在着"各种各样的美味都想少尝一点"的需求。

那么我们可以通过店内加工来实现顾客的这种需求。

如今，"生鱼片"需求减少，为了填补这一空缺，可以推出"生珍馐类拼盘"。

可以通过"○人份"的可视化，开展"4种组合拼盘""6种组合拼盘""8种组合拼盘"等销售，那么多样少量的生鱼片就会成为"高单价高加价"的商品。

另外，通过改变拼盘中的配菜，还能够扩大SKU数，打造专柜式销售。

而且，将"正价限时销售1天"的商品，通过少量打折的方式，还能提高商品的周转率。

这样一来，不仅能达到"一石二鸟"的效果，甚至可以实现"一石三鸟、一石四鸟"。

就像这样通过改变商品的"切入点"，转换思路，就能够发现海鲜干货的销售额仍有大幅提升的机会。

那么，大家有没有努力尝试寻找类似的新的"切入点"呢？

要知道，今后"切入点"将成为增加销售额的关键。

精肉部门

由于"单价&购买数量下降"，精肉部门如同陷入了"无底沼泽"。

到底怎样才能摆脱"无底沼泽"的局面呢？

答案只有一个，就是推行"模式转换"。

如果不摒弃一直以来固有的"常识"和"成功经验"，那么就无法摆脱这种局面。

接下来，我将详细阐述如何进行"模式转换"。

对策① 打破精肉常识的"超级鲜度"战略

销售额的公式是"销售额=来客数×客单价"。

然而，这是店铺内整体的计算公式，各个部门的计算公式和这一公式有所不同。

即"销售额=支持率×品单价×购买数量"。

从这个公式就能够看出，只要我们考虑如何能提高顾客的

"支持率",就有助于提升销售额。此外,如何提高"购买数量",同样非常重要。

然而,大部分店铺采取的都是"按照容易产生购买的盒装分量来销售"等对策,以此向顾客强调商品的"实惠感"。

殊不知,一味盲目地采取这样的策略,最终会导致"品单价"的下降。

而且在消费低迷的背景下,无论商品看起来多么"实惠",只要不是顾客需要的商品,就不会产生购买行为。

解决这一问题的对策之一就是采取"超级鲜度"战略。

超市中,顾客支持度排在第一位的是"低价",第二位是"新鲜感(鲜度)"。

因此,若能将商品鲜度的标准提高到其他企业无法企及的程度,就会成为提高顾客的支持率和购买数量的招数。

精肉同蔬果以及水产不同,拥有"耐存度高""保质期长"的特点。

但对于追求"鲜度"的顾客来说,精肉商品的这两个特点和"鲜度"是相矛盾的。

"鲜度"战略能够成功的关键,在于将自家店商品的"鲜度标准"提高到令其他企业望尘莫及的水平。

因为仅凭微弱的差异,无法超越竞争店。那么我们应该达到什么样的水平才行呢?接下来,我将继续详述。

a. 打造"限时销售"的鲜度水平

对于肉末类以及肉块类等商品周转率较高的品类，提升鲜度标准的做法就是在店内落实"限时销售"的策略。

但也会有人认为"这样做会增加损耗""商品陈列量会减少，无法突出量感陈列的效果"。

我听说确实有企业通过实践，出现了以上这些情况。

而在"限时销售"上，胜者与败者的区别在于，是否实行"少量折扣"、"可视化"以及"定量、定时操作"。

商品的"少量折扣"要从"九折以下"开始。而且，这里的关键点是"少量折扣商品"的"价值可视化"。比如通过将"购买打折商品非常实惠！"这样的信息传递给顾客，要实现可视化。

这样一来，顾客对于购买打折商品就会失去抵抗力。

顾客的购买心理大多是："即便是超市上午卖剩下的肉末，反正会在今天之内把它吃完，所以只要能便宜些就好。"

另外，就是要贯彻"定量、定时操作"。即便卖场的商品仍有剩余，也要按规定在一定的时间内，生产加工一定数量的商品。

以"少量折扣"的形式不断售出陈列在货架上的商品，就能提高"商品的周转率"。

总之要让"打折标签"成为"提高周转率发动机"。

其中需要引起大家注意的是,一直以来的常识"合理陈列、合理库存",是一种非常危险的思维方式。

因为只要我们受所谓"合理"这一概念的左右,就不能完全进行加工。即便是新加工出来的商品也不能做到完全陈列到位,这是真正的问题所在。

由于在损耗率公式中的分母是"销售额",所以如果能以少量折扣提高商品的周转率,销售额就会提高,而损耗率必然就会减少。

因此店铺需要"不断地加工商品,不断地将商品陈列出来,不断地以少量折扣进行销售"。

虽然表述上难免有些粗暴,但如果不这样表述,就无从打破迄今为止的"常识"。

一早的卖场即便全是打折商品也无妨

b. 打造"正价仅限当天"的鲜度水平

顾客们也会有这样的想法:"为什么商品上没有标明生产日期呢?""为什么商品上只标明保质期呢?""总强调一切为了顾客,但从结果来看似乎很糊弄人啊?"

如果我们不能消除顾客的这些"不安"和"不满",店铺就无从得到"今后的生活者（消费者）"的支持。

因此店铺内出售的商品应该清清楚楚地标明"生产日期"，然后彻底落实"正价仅限当天"的原则。

这是因为，"今后的生活者（消费者），所谓的'团块二代'的一代，他们在消费上所表现出的特点是，会对店铺所展现出来的姿态和理念产生共鸣，从而产生购买行为"。

所以，"团块二代"也被称为感性的一代人。

作为超市商家，为了能赢得这一代消费者的支持，应该这样进行宣传："即便商品的生产日期只过去了一天，我们也要适当打折便宜出售。由于在商品的品质和鲜度上基本不存在问题，所以我们向您推荐这种打折商品，您不觉得划算吗？"

这样一来，商品的鲜度能得到提升，更重要的是加工数量也会急剧减少。

迄今为止，作为超市中店内加工的"模式（常识）"，一直遵循的都是"提前筹备"和"当天准备"的原则。

在店铺的销售高峰时段，为了防止"机会损耗"的发生，为了确保明天"开店时商品100%地阵容齐全"……有必要进行"提前筹备""当天准备"的相关操作。

这种文化的蔓延，使加工操作变成了"提前生产"，也就是说，造成了"生产数量过多"的现象。

超市商家为了防止生产日期变旧而引起顾客不满，会采取

"在商品上只标明保质期"的做法。

而且由于超市为了确保在第二天开店时能把这些"提前筹备"的商品在卖场中陈列到位,所以在傍晚时就不能做到完全陈列,从而引发了晚间卖场的"机会损耗"。

我们需要打破这种常识。

"如果商品卖不完,那么我们就在第二天早上将这些卖剩的商品,开展少量折扣的促销。一早开店的卖场中,即便全部都是打折商品也完全没有问题。因为这样一来,对顾客来说,同等品质的商品反倒能以更低的优惠价格购入。相比于那些以正价销售的前一天'提前筹备'的商品,这些打折商品对顾客而言更显亲切。"

这就是"正价销售仅限当日"的经营思路。

因此,我们不用过度担忧"第二天一早"会变成"折扣卖场"。

"会不会有损门店的形象呢?真的是这样吗?"这种担心难道不是出于卖方的"虚荣心"吗?从顾客的角度来看,"折扣卖场"对于顾客来说丝毫不会有任何影响,反倒会使顾客认为"如果一早去,就能买到便宜的商品"。

事实上,也确实有很多企业通过这种"一早就打折"的方法达到了吸客引流的效果。

对策② 从重"品类"向重"走量"转变

一直以来超市都是以"品类"为中心来备货选品，但如今已经迎来了转折点。

即使超市加强"常规商品"的品类管理，商品依旧像以往一样很难销售出去。

即使超市全力执行"2-3原则"，商品也还是卖不出去。

不如说由于过度重视常规商品，导致无法扩大走量商品的陈列排面，自然就无法实现销售额的提升，像这样的企业层出不穷。

相反，那些重视"走量商品""首先应确保走量商品的陈列排面，或者确保陈列面积"的企业，销售额能实现不断增长。

也就是说，我们要打造出"今日重点推荐这款商品！"，重点实行单品走量的卖场。

或是通过"这才是今日主打商品！"，像这样在卖场中大胆进行SKU陈列展示。

为了实现这样的卖场，这些企业认为"不得不淘汰一些常规商品的种类"。

我认为，这正是在消费低迷的背景下应该实施的商品营销MD战略。

请各位参考照片⑮，这张照片所展示的是烤肉类商品的走量促销卖场。

以2人份、3人份、5人份开展的SKU

照片⑮

从照片可见，从 2 人份到 10 人份的"涮锅用黑猪五花肉"，在卖场中尽数陈列。

虽然仅有五花肉这一部位的肉品，但是，这个卖场一天的走量销售居然达到了 30 万日元以上。

据说以前这个冷鲜平柜的销售额，一天最多也不过 10 万日元。

例如，常规促销的"肉馅"卖场。

超市将陈列排面扩大到了通常的大约 3 倍，而且将 SKU 数扩大到以往的 3 倍之多。当然，还扩充了大容量包装的 SKU，甚至增加了 1kg 装的 SKU。

结果销售额达到了通常的 3 倍以上。

为此，在进行肉馅类商品的常规促销时，需要相应地淘汰其他常规品类。

但是从结果上来看，虽然淘汰了其他的常规品类，但是全面开展肉馅类商品的促销，能够带来精肉部门整体销售额的提升。

照片⑯所示的是"年末商战"的卖场。

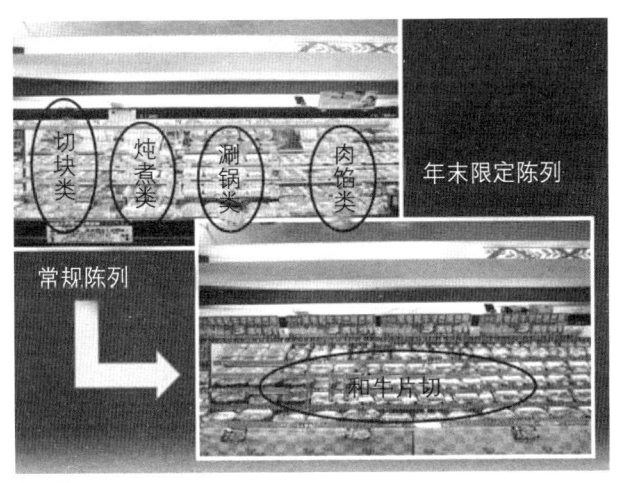

照片⑯

正如照片所示的那样，超市大胆地运用了"按照不同食谱进行分区"的方式来打造卖场，为此淘汰了将近三分之二的品类，可谓勇气可嘉。

但这样的做法卓有成效，在销售额急剧上升的同时，大幅改善了工作效率。而且，在人时产能方面也得到了飞跃性的增长。

像这样通过向"重视走量"的经营思路的模式转换，必然会带来销售额的提高，同时由于实现了"操作的集中化"，生产效率也得到了飞跃性的增长。

在开展走量促销时，"为了使那些重点推销商品能达到'超常值'的业绩，需要淘汰那些1天只能卖出几盒的商品品类"。

这一点虽然是"理所应当"，但很多企业往往做不到"理所应当"，这也是不争的事实。

不仅如此，和蔬果、水产部门不同，精肉类商品是"很耐保存"的商品。

这样的话，考虑到"趁便宜时多囤货！"的想法，超市应积极拓展大容量包装的商品品类。

这样的话，就一定能够实现"即便低价销售，也能提高单价"这种相反效应。

也因此必然会实现销售额的增长。

对策③ 实行"质优价廉"战略方针

在销售低迷的背景下，高级牛肉卖不出去，品牌猪肉也很难销售，特级鸡肉也滞销难卖。

处于这种不景气的大环境下时，市面上会推出含有这样的问题的调查问卷："面对不景气，顾客最先控制的支出会是什么？"回答中位列第一位的必然是"外出就餐"。

这意味着，在餐厅所使用的等级肉或者部位肉，必然会产生大量的剩余库存。

处于"螺旋式通货紧缩"的背景下，最能体现"螺旋式通货紧缩"状况的肉品是哪个等级或哪个部位呢？

若我们能深入进行思考，就能发现只有"质优价廉"战略能解决这些高品质的剩余库存。

然而大部分超市的经营思路却是：越不景气，越便宜的肉才会更有销路。

因此猪肉一定比牛肉好卖。

鸡肉一定比猪肉好卖。

国产牛一定比进口牛好卖。

而且，确实有很多企业都因为这种"常识"性的经营思路，而陷入了"负循环"当中。

但对于"质优价廉"战略，也有很多企业认为"虽然明白其中的道理，可实施起来并不容易"。

这是为何呢？这是因为，若是基于一直以来固有的"思维方式"和"采购及销售方法"，将不可能实现商品质优价廉的可视化。

我将给大家介绍两种能成功实现质优价廉战略"可视化"的"秘诀"。

a. 实现"便宜的可视化"

"质优价廉"战略,首先必须实现"高品质"的可视化。还必须将商品"便宜到什么程度"以可视化的形式展现出来,所以实施起来并非易事。

如果是"低品质商品便宜出售",那么我们只需标注商品名和售价。

也就是打造"绝对便宜"的可视化。

然而,这类"质优价廉"战略的商品,必须实现"相对便宜"的可视化。大家请参考图表㉘。

正如图表所示的那样,这就是推行"质优价廉"战略"可视化"的关键。若非如此,就无法成功发挥"质优价廉"战略应有的效果。

b. "采购"思路的模式转换

如果我们继续沿用以往的"供货商"以及"采购方法",将无法实现"质优价廉"战略。

这是由于供货商和采购的思维方式基本相同。

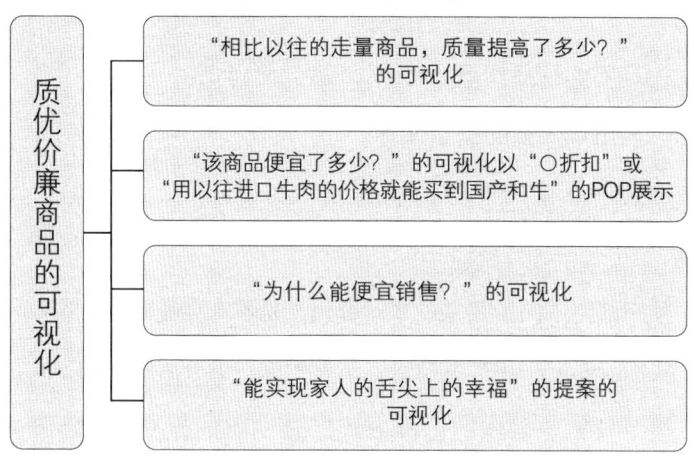

图表㉘　"质优价廉的可视化的关键点"

```
                ┌─── "相比以往的走量商品，质量提高了多少？"
                │        的可视化
                │
质              │    "该商品便宜了多少？"的可视化以"〇折扣"或
优              ├─── "用以往进口牛肉的价格就能买到国产和牛"的POP展示
价              │
廉              │
商              ├─── "为什么能便宜销售？"的可视化
品              │
的              │
可              │
视              └─── "能实现家人的舌尖上的幸福"的提案
化                    可视化
```

因为他们只考虑"采购商品"，并没有认真思考"质优价廉"战略中所蕴含的道理。

所以，我们是选择与这些一直以来合作的供货商进行沟通，通过向他们传达"模式转换"后的经营思路，来改变以往的采购方法呢，还是转而去开拓新的供货商呢？

对采购们来说，面临二选一。

另外，对于那些地方性的超市，我建议尝试选择那些"大型消费地区"的生产商进行联络沟通。

无论怎么说，大型消费地区的生产商所经营的商品量与地方完全不在一个级别。

这意味着"剩余库存的量"也有着云泥之别。

此外，针对餐饮企业的供货量，也是大型消费地区遥遥领先。

一旦餐饮行业出现不景气，就会使得那些主要用于餐饮业的部位肉出现大量的剩余库存。

而这些剩余的库存商品正是"另辟蹊径，别有洞天"的宝藏。

精肉部门不同于蔬果或水产部门，是不太会受到鲜度影响的部门，我们需要进一步扩宽视野，试着考虑一下今后的采购方式。

因为仅凭"采购的思维方式"这一点的改变，就能带来巨大的模式转换。

对策④ 夏季提议吃寿喜锅有何不可？

超市行业普遍认知的行业"常识"就是"要抓住顾客的需求"。

然而这样只会陷入所谓的"红海"状态。

毕竟，"满足顾客需求的商品＝与竞争企业同样的思维方式"。

这意味着我们必然会陷入价格竞争。那么，如何冲破这一局面呢？

面对这样的情况，我们唯有推进"顾客想要的商品提案"。所谓"想要的商品"，用我的话来说，就是"创造新的价值"。

比如我们可以向顾客推荐用这种肉品来"创造新价值的(提案)"。

而大家的店铺,是否有这样的新提案呢?

在大多数企业以及店铺中,就是因为没有这种"想要的商品"提案,所以会陷入企业间的价格竞争中。

只要我们对这些"想要的商品"进行提案,顾客就能体会到"相比以往做的菜肴,这种新型菜肴更省钱,而且更美味"。

也就是形成了一种"双赢"的关系,所以能成为"超级爆品"。

那么,接下来我将就以什么样的思路才能挖掘出这种"顾客想要的商品",进行详细说明。请看图表㉙㉚。要知道,我们所处的时代已经发生了翻天覆地的变化。

"外出就餐"普及之后,顾客们的"饮食嗜好"也发生了很大变化。

但是,卖方的思维方式,却长久以来被"销售计划"这种"魔鬼计划"束缚。

"为什么冬季就一定要吃寿喜锅?

"比起寿喜锅,孩子们更喜欢烤肉!

"为什么夏季就一定要吃烤肉?

"夏季如果提议吃寿喜锅,就可能给我们的餐桌带来'意外的惊喜'!"

图表㉙　"想要的商品"的思路

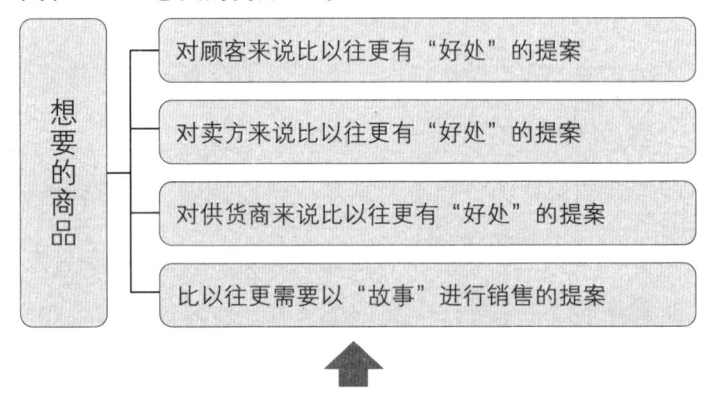

```
            ┌─ 对顾客来说比以往更有"好处"的提案
想          │
要          ├─ 对卖方来说比以往更有"好处"的提案
的          │
商          ├─ 对供货商来说比以往更有"好处"的提案
品          │
            └─ 比以往更需要以"故事"进行销售的提案
```

若不具备"思考力"就不能发现的产品＝"蓝海产品"

图表㉚　"思考力"需从"否定现状"开始

为什么冬天总是吃寿喜锅？＝若是提议吃烤肉的话……

为什么一提到冬天就是炖菜？＝孩子们明明喜欢咖喱！

为什么总建议冬天吃鲥鱼？＝烤鱼的话，无论春夏，是不是都能畅销？

为什么提起圣诞节就一定是巧克力？＝明明还有哈密瓜，还有菠萝！

若是能够站在顾客的角度，将商品的"好处"进行可视化，就定能成就超级爆品

"为什么一提起肉排,就一定是牛排呢?

"如果是汉堡肉排,不仅便宜,也同样美味啊!

"为什么一提到圣诞节,就是烤火鸡呢?

"圣诞节是孩子们的节日,那么在圣诞节的时候,要为孩子们提供一些他们喜欢吃的菜谱提案。"

像这样连问5个"为什么?",据说这是在"改善"方面非常有名的丰田公司的员工们的习惯。

请大家也试着否定当前的各种"常识",不断问自己"为什么?"。

这样的话,就能思考出"对顾客来说更'明智''省钱'的食谱"。这样一来就会有更多新的"发现"应运而生。

"冬季也可以是吃烤肉的季节啊。就应该这样!"冬季恰巧就是前胸肉市价便宜的时候。

那么,我们就可以推出这样的提案:"冬季吃烤肉的话,就能以比夏季便宜3成左右的价格吃到美味的烤肉!"

像这样,能催生出各种了不起的创意点子。也就是"想要的需求提案"。

然而,在此需要注意:这种"想要的需求提案"的提出,因为是一种新的价值创造,往往很难被顾客注意。

所以,我们"故事营销"就变得不可或缺。如果疏忽了这一点,即便是新需求的商品,也会完全卖不出去。

对策⑤ 烤肉也需"新挑战"

a. 肉排的"新挑战"

"牛排=牛腰肉",这是人们的固有观念……

如果能够打破这种固有观念,就能创造出新的"超级爆品"。

在具体方法上,"后臀尖排"、"牛脊排"以及"牛肩排"比"牛腰肉牛排"更加便宜,我们只要将这些部位的商品"价值"实现可视化,就有可能创造出新的"超级爆品"。

关键在于,是否能实现商品"价值"的可视化。

实际上,我们所销售的并非牛排"商品"本身,而是在销售"比起牛腰肉牛排,有更加便宜且美味的牛排!那就是牛肩排!",这种"价值"。

除了牛肉,还有很多可以用来作为提案的商品,比如"猪里脊肉排""鸡排""汉堡肉排""烤猪肉排"等。

然而,现实情况是卖方也因为受行业固有观念的束缚,未能积极推出这类具有热销潜力的商品。

那么,就需要我们全力以赴向顾客推出"这是用牛排五分之一的价格就能购买到的美味肉排,您觉得怎么样?相信孩子们一定会非常喜欢的!",像这样的"故事"POP提案。

我经常强调,像这样不断挖掘各种各样的肉排,也是一种"向新事物的挑战"。

而且,"统领牛排者,必然能统领牛肉市场"。

这是因为上了年纪的老人们也可以吃牛排,即使人数少也可以吃牛排。烤肉却不能这样。

所以我坚信如果能够控制牛排领域,就一定能扩大客群和商圈。

b. 烤肉的"新挑战"

众所周知,在人们的固有观念中"烤肉=牛五花牛肉",然而这样的观念不可能为店铺带来盈利。

所以,我们应该向"高收益烤肉"发起"新挑战",方法就是:

用市价低的部位肉作为烤肉的提案。

夏天,市价低的部位就是指那些"牛里脊""牛腰肉",所以可以推荐使用这两种部位作为烤肉提案。

并通过"仅用牛小排一半的价格就能享用到寿喜锅涮肉中最佳部位的烤肉!",这样的"故事"POP来展开销售活动。

如果我们只是单纯销售"牛里脊烤肉"和"牛腰烤肉"的"商品"本身,就会导致商品滞销。

这是因为顾客对于这两个部位烤肉的印象不佳:"会不会肉

质太硬呢？"

只要我们添加"寿喜锅用的最高品质的肉"，这样的"故事"POP，这种印象就会被消除。因此，必须用"故事"来开展销售活动。

这样一来，不知不觉中，顾客也会抛弃原有的"烤肉＝牛肉"这一固有观念。

如果我们向顾客推出"用猪肉做烤肉的话，价格更加实惠！"的提案，就能实现"即便在平时，也能随时吃到烤肉"这一观念的可视化。

对于"腌制牛内脏"或是"内脏"等商品，也可以通过当今热门话题的"胶原蛋白"来进行宣传。

这样能够消除顾客所认为的"内脏＝不干净的食物"的负面印象。

这样的话，就能使这种"新的市场"不断扩展开来。

此外，还有一个提案，就是"即食烤肉"。

有些家庭孩子较多，他们每天都希望吃烤肉。然而，"钱包"并不允许这样奢侈。

那么，我们可以向顾客建议将夏季卖剩下来的"红肉"部位，"切成薄片以用作烤肉"。

"通过薄切及片切就能得到数量是普通烤肉 3 倍以上的肉片！这样非常划算！"

"因为切得很薄,所以烤肉时间也可以相应缩短。正好适合那些食量大、孩子比较多的家庭。"

"还能用在寿喜锅或是涮锅上。"

像这样通过"故事"POP 来实现可视化。

这样的话,以往在夏季卖剩的"红肉"部位的食材,就可以通过这种高附加价值进行销售,也会受到顾客们的喜爱。

总之,烤肉类商品存在很多尚待挖掘的"新挑战"。

对策⑥ 猪肉采用"带骨",鸡肉采用"小块"

猪肉中有"猪腿肉""带骨猪里脊""猪软骨"等"带骨"的肉类。

而且,这些商品全部都可称为"美食商品"。

例如,您有没有用"猪腿肉"做过菜肴呢?这种菜肴不仅是"美食菜肴",还能使我们的餐桌更加丰盛。

商家需要不断向顾客推荐各种提案。

这样一来,会出现什么情况呢?会引发即便是"1 包 1000 日元"左右的价格,也畅销的现象。这是因为量少的话就不够一道菜的分量。

这种"带骨"商品,今后也许会成为"新商品"。

另一方面,鸡肉中也存在"小块鸡肉",这样的撒手锏。

所谓小块鸡肉,是指"翅尖""翅根""翅中"。

这类小块鸡肉和鸡腿肉相比，价格更加便宜，而且重要的是"做菜用途"非常广泛。

因为"价格便宜且能用于各种菜肴"，所以容易畅销。

我们只要将这种"便宜，而且能用于各种菜肴"的"故事"实现可视化即可。

还需要每周开展一次定期促销活动，以此来打造"趁便宜时多买"可视化。

这样的话，即便是"500~1000g"装的商品也能实现畅销。

"通过打造价格便宜的可视化、用途的可视化，来实现单价的提升"，这就是鸡肉类商品的"新挑战"。

最后是关于精肉部门的加工类商品，这类商品需要以"生鲜化"作为"突破口"来开展销售活动。

也就是强化"店内包装食品"。

对火腿、香肠实行"店内加工"，而且和精肉类商品一样，开展"正价仅限当天"的销售活动。

再将这种店内加工的商品和品牌厂商的NB商品进行"价格比较"，以此实现"店内加工商品的便宜程度"的可视化。

这样的话，就能达到30%~40%的高加价率，同时以NB商品半价左右的价格销售出去。

总之，我们需要把这类加工商品也归类于"生鲜商品"。

通过这一模式转换，就能创造出"新的市场"。

熟食部门

图表㉛是针对"顾客购买熟食及便当的理由"以及"顾客对熟食的不满和不安"这两个问题展开的问卷调查结果。

在"顾客购买熟食以及便当的理由"中,"轻松（45.9%）"、"没有做饭的时间（45%）"、"可增加菜品的种类（37.9%）"等"简易方便"作为主要理由被罗列出来。

另外,"顾客对熟食的不满、不安"中也尽是一些我们"深有同感"的内容。

也就是说,因为消费低迷,顾客的不满和不安的情绪逐渐显现出来。

过去,顾客虽然感到不平、不满,但是"因为不得不接受,所以只能购买"。

然而,在消费低迷的背景下,随着节约意识的不断提高,顾客首先会从感到不平或是不满的商品开始控制购买。

那就是"熟食"类商品。

因此,若是店铺简单地认为"由于顾客的饮食从中食（在外买回家食用）转向内食（在家就餐）,所以商品只要低价销售就能畅销",进而一味地推行打折降价销售的话,就会越发朝着

图表㉛　为什么过去直线上升的"熟食"越来越卖不动？

（理由）　**不平、不满的显现化**

顾客购买熟食以及便当的理由

第1位	轻松	45.9%
第2位	没有做饭的时间	45.0%
第3位	可增加菜品的种类	37.9%
第4位	自己没法做出的菜肴	31.2%
第5位	比在外就餐更加便宜	20.8%
第6位	想品尝老字号或有名餐厅的味道	18.7%
第7位	比自己做更加省钱	15.0%
第8位	比自己做更加美味	5.2%
第9位	家人喜欢	4.9%
第10位	其他	9.2%

"简易方便"为主要理由

顾客对熟食的不满、不安

第1位	油炸食品过多	53.8%
第2位	不放心食品的添加剂及所用食材	40.4%
第3位	卡路里过高	39.1%
第4位	味道过重	36.1%
第5位	蔬菜少	31.2%
第6位	对现有食谱以及味道感到厌烦	29.1%
第7位	价格偏高	28.7%
第8位	再加工所需时间久	19.0%
第9位	应季食材使用少	5.8%

不平、不满情绪的显现

（出处：财团法人地域流通研究所）

不利的方向发展，这点从上述调查结果中就可窥见一斑。

对策① 彻底消除"不"！

图表㉜就是进行"品类模式转换"的具体做法表。

一直以来，油炸类商品的选品标准就是商品需要具备"实惠感"。

这样的话，当前的"半价促销的冷食类"商品就完全可以对应这种节约意识。

以前虽然顾客愿意为"油炸的加工费"花钱，但是如今由于节约取向，顾客更倾向于选择"自己在家油炸"。

然而，诸如"特大炸鸡排""日式炸牡蛎""炸猪肉卷"等油炸食品，由于家庭火力不足而无法自己油炸，所以顾客对这类商品就会表现出愿意"花钱"。

另外，由于店铺唯恐失去顾客的信任，所以会故意隐瞒"能以这么便宜的价格销售"的理由。

他们担心一旦"标明产地"，商品就无法销售出去。

这也正引发了顾客的不安和不信任。

因此，我们需要尝试挑战消除顾客的这种"不"的情绪。

比如，如果是销售"国产"和"进口"这两种SKU，那么前者就需要将"价值"进行可视化，后者就需要试着打造"安全、安心"的可视化。

图表㉜ "品类"需从"思维方式"出发

如今，已经成功消除"不"的实例

a.想品尝在家无法做出的油炸美食！

- 特大炸鸡排
- 炸猪肉卷
- 特大炸虾
- 西式炸牡蛎
- 日式炸牡蛎
- 油炸拼盘

← 即使在消费低迷的背景下，依然实现了爆棚热卖！ ← 以前是以『实惠感』的思维方式来考虑品类规划

b.为什么不显示"产地"？

- 烤鸡肉串
- 油炸食品
- 炸猪扒
- 烤鸡腿
- 烤猪肉等

← 只要为商品添加激发顾客情感诉求的"故事"，无论是价格诉求的商品，还是强调价格商品均能实现畅销

例 国产商品——价值的可视化
　 进口商品——安全、安心的可视化等

↑ 一直以来，向顾客隐瞒了"为什么能这么便宜？"的理由，这是因为担心失去顾客信任……

c.便当的受众顾客群体是谁?

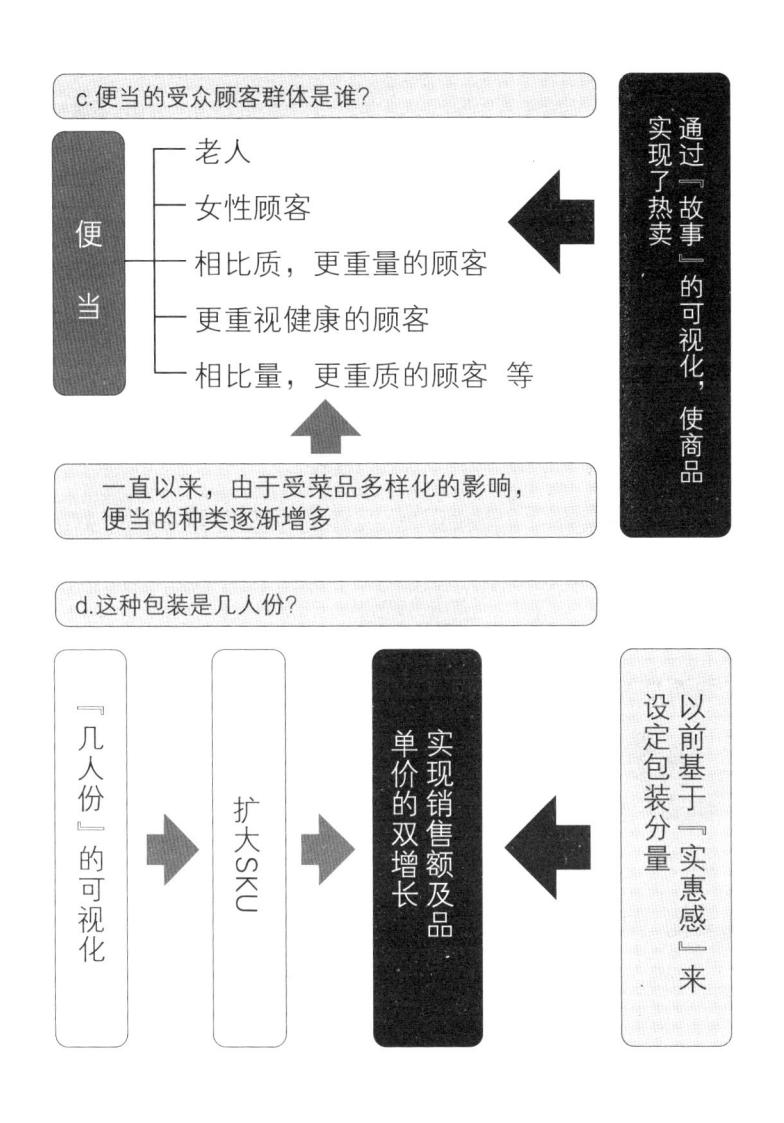

便当
- 老人
- 女性顾客
- 相比质，更重量的顾客
- 更重视健康的顾客
- 相比量，更重质的顾客 等

↑ 一直以来，由于受菜品多样化的影响，便当的种类逐渐增多

← 通过"故事"的可视化，实现了热卖，使商品

d.这种包装是几人份?

"几人份"的可视化 ➡ 扩大SKU ➡ 实现销售额及品单价的双增长 ← 以前基于"实惠感"来设定包装分量

再者，我们可以试着撰写类似这样的POP：

"对父亲感情很深的人，可以选择国产的烤鸡肉串……"

"对父亲感情比较淡薄的人，就选择进口的烤鸡肉串……"

只要添加这种稍微带有"讨喜"感觉的故事 POP，那么不管是进口还是国产商品，都能创造出良好的销售业绩。

另一方面，由于便当类商品一直以来受"菜品多样化"的影响，便当的种类越来越多。

但是，便当属于"一人一份"的商品。

女性和男性的喜好不同，不同年龄的顾客喜好也存在差异，既有注重价值的人，也有喜欢美食的人。

如果我们能将"应该面向什么样的顾客群体来进行商品开发呢？"这一问题可视化，并打造品类，就有利于消除顾客的"不信任和不安"。

另外，由于熟食类商品过分重视"实惠感"，所以在商品的量上一直都按不注明"～人份"的方式进行销售。

如果不清楚商品的分量，人们就会习惯性地"少买一些"。

相反，如果我们能将"分量"实现可视化，顾客就会按照所需要的"几人份"来购买。

正如上文所述，熟食部门内存在很多"顾客心中的'不'"。

只要我们能够解决这些"不"，就能自然而然地看到进一步的发展。

对策② "外食需求"品类的强化

在消费低迷的环境下，本应"外食向内食发展"，然而以内食为中心展开销售的超市却未能成功赶上这一潮流。

究其原因，就是超市未能充分融入顾客的"外食需求"。

特别是熟食部门，本应是导入满足顾客"外食需求"的部门。

该部门却仍以油炸食品、沙拉、便当为中心进行销售。

这样的话，就无法实现"外食消费"的转型。

想在家里就能做出在外面餐厅所品尝到的美食佳肴，几乎不可能实现。

因此，顾客才会愿意花大价钱在外就餐。

我们超市的熟食要能满足这一需求。

然而，超市商品品类的现状全都是一味追求"方便顾客"的商品。

所以，我们必须开展品类的模式转换。

图表㉝就是针对今后应该强化的品类所做的总结。

首先，烧烤类商品是指无法在家做出的高品质菜品，近似于"美食"的菜品。

其中，纯手工比萨以及烤牛排等商品获得了顾客压倒性的支持。

图表㉝ 强化"外食需求"的商品案例

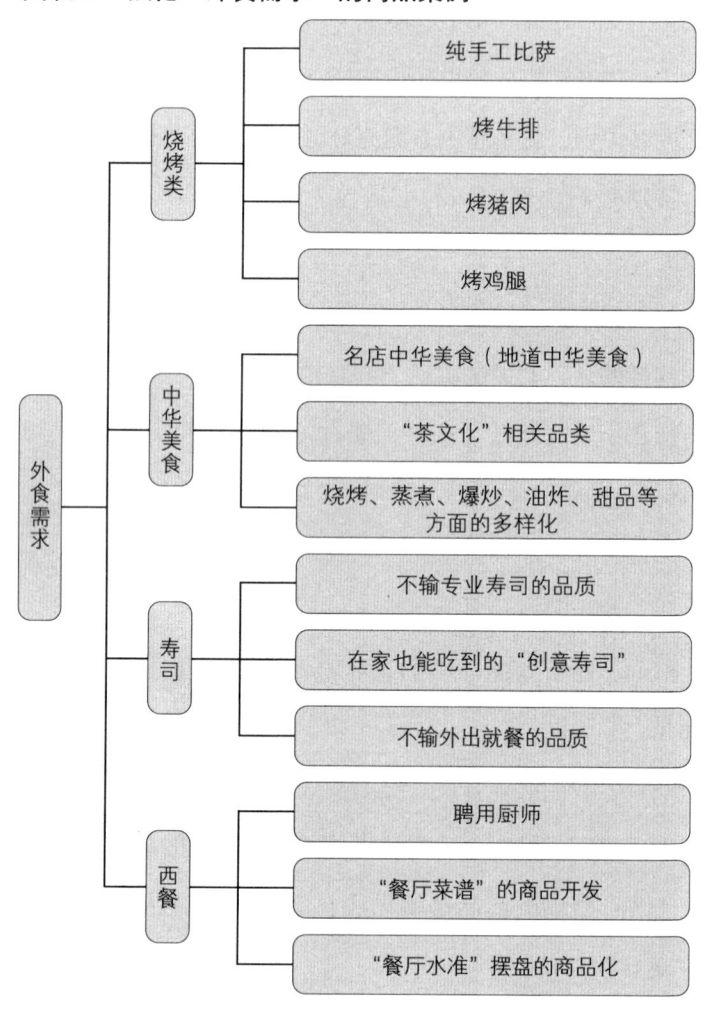

```
                            ┌── 纯手工比萨
                    ┌─烧烤类┤── 烤牛排
                    │       ├── 烤猪肉
                    │       └── 烤鸡腿
                    │
                    │       ┌── 名店中华美食（地道中华美食）
                    ├─中华美食┤── "茶文化"相关品类
                    │       └── 烧烤、蒸煮、爆炒、油炸、甜品等方面的多样化
    外食需求 ──────┤
                    │       ┌── 不输专业寿司的品质
                    ├─寿司 ──┤── 在家也能吃到的"创意寿司"
                    │       └── 不输外出就餐的品质
                    │
                    │       ┌── 聘用厨师
                    └─西餐 ──┤── "餐厅菜谱"的商品开发
                            └── "餐厅水准"摆盘的商品化
```

264

如今已经不是一提起烧烤,就是烤鸡肉串的时代了。

另外,在呈现由外食向内食发展的趋势品类中,"中华美食"同样引人注目。

然而遗憾的是,超市内所销售的中华美食只是家常菜的延续,这样的商品就缺乏成长性。

虽然在超市内,实现地道中华美食还需要花费很长时间,但对超市来讲,这值得一试。

我为何确信中华美食具有成长性呢?这是由于,每逢盂兰盆节、年末年初以及圣诞等重大节日,都能看到中华美食的身影,其顾客支持率呈逐年上升的趋势,实际的销售数据也证明了这一点。

另外,"寿司"类产品,正在向着"专业寿司店品质寿司"的方向迈进,朝着实现"地道寿司(不输专业寿司品质)"的方向转变。

用"冷冻食材"制作的低成本寿司,已经无法满足顾客的外食需求。

接下来是势头强劲,逐渐成长起来的"西餐"类商品。

西餐作为"饮食解决方案"一时间成为热潮,而且这一热潮仍会持续备受瞩目。

可见,已经到了超市需要对这一大类正式开展商品开发的时候。

仅依靠那些简单的"炖煮类"商品,将无法满足顾客的外食需求。

熟食部门的负责人们请务必意识到,"消费低迷"实际上也是巨大的商机。

对策③ 人才的模式转换!

我在实地考察美国超市时发现,美国的上班族会在超市吃"事务餐(Power Lunch)"。

所谓"事务餐",就是和客户一边商务洽谈或交换信息,一边共进午餐。

在日本超市,绝对看不到这种情景。

在美国的超市,之所以会出现这样的情景,是由于它们会提供与餐厅同等水平的美食商品,拥有和餐厅同等氛围的"公共空间"。

我在想,在日本的超市,类似这样的场景今后是否会增多?

比如,在日本那些上了年纪的老人会在超市的公共空间里享受午餐或晚餐,或是一家人聚在超市尽享中午或晚上的美食。

我认为,类似这样的温馨画面今后也有可能在日本超市内出现。

为此,超市应该考虑聘用"大厨"等专业人士。

如今,餐饮行业非常不景气,工作环境也比较恶劣。

以前在餐厅打工的厨师们怀揣着"总有一天要开一家自己的店"的梦想。

然而如今不景气的背景下，这种梦想的实现变得更加遥不可及。

那么，我们在超市这种收入稳定的劳动环境中，帮助这些"料理人"实现他们的梦想如何？

这样还能实现顾客们在超市就能品尝到"地道餐厅"美味的诉求。

而且仅凭借这一点，就能实现"店铺的独特化"。

如今日本，已经出现了开始采取这一行动的企业。

诸如，山梨的"Amano-pax"、高知的"Sunshine-Chain"，还有兵库的"Yamada Store"等。

我们需要明白，只追求"家常味道"的熟食已经无法通用。

对策④　要从"制造业"中脱身

熟食部门，是"经营效益低下"的部门（图表㉞）。

可以说熟食部门需要经常与"经营效率"进行斗争。

为此，熟食部门推出了"重视效率"的作业、商品化以及品类。

然而，在消费低迷的背景下，这样的企业遭受到了重创。

相反，有一部分企业意识到"经营效益低下，是因为店铺

图表㉞　熟食要从"制造业"中脱身！

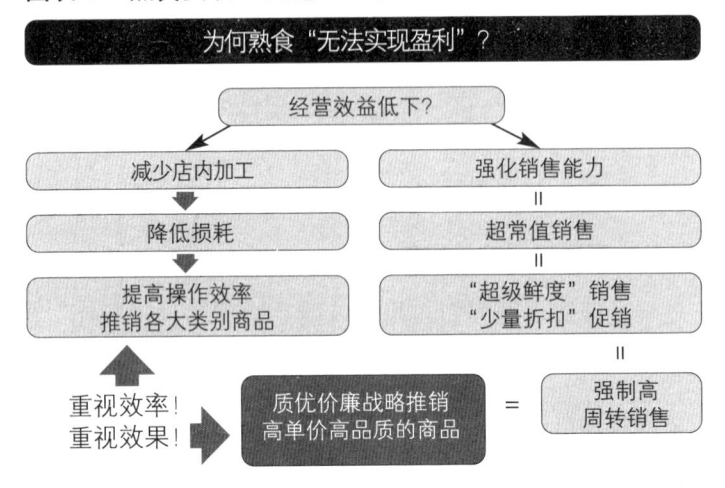

```
          ┌─────────────────────────┐
          │   为何熟食"无法实现盈利"？   │
          └─────────────────────────┘
                      │
              ┌───────────────┐
              │  经营效益低下？  │
              └───────────────┘
               ┌──────┴──────┐
        ┌──────────┐    ┌──────────┐
        │ 减少店内加工 │    │ 强化销售能力 │
        └──────────┘    └──────────┘
              │               ‖
        ┌──────────┐    ┌──────────┐
        │  降低损耗  │    │  超常值销售 │
        └──────────┘    └──────────┘
              │               ‖
        ┌──────────┐    ┌──────────┐
        │ 提高操作效率 │    │"超级鲜度"销售│
        │推销各大类别商品│   │"少量折扣"促销│
        └──────────┘    └──────────┘
              ↑               ‖
  重视效率！  ┌──────────────┐    ┌──────────┐
  重视效果！  │质优价廉战略推销│ ＝ │  强制高   │
              │高单价高品质的商品│   │  周转销售  │
              └──────────────┘    └──────────┘
```

不具备销售能力！"。

"为什么会有这么多损耗？""为什么经营效益低？"这是因为他们没有将目光转向销售能力，而是一味地关注"操作效率"。

他们意识到了这点后，开始强化销售能力，经常去挑战"超常值销售"，通过"超级鲜度"和"少量折扣"，实现了商品的售罄。

而且，通过不断生产加工，以"超级鲜度"和"少量折扣"来提高商品的周转率。

另外，还以"质优价廉的商品"或"高单价高品质商品"为中心，通过"超常值销售"的策略，实现了"单价的提升"。

这样一来，经营效益呈现出质的飞跃。他们就是以这样的经营思路成功实现了业绩增长（图表㉟）。

图表㉟ 提高销售能力的方法

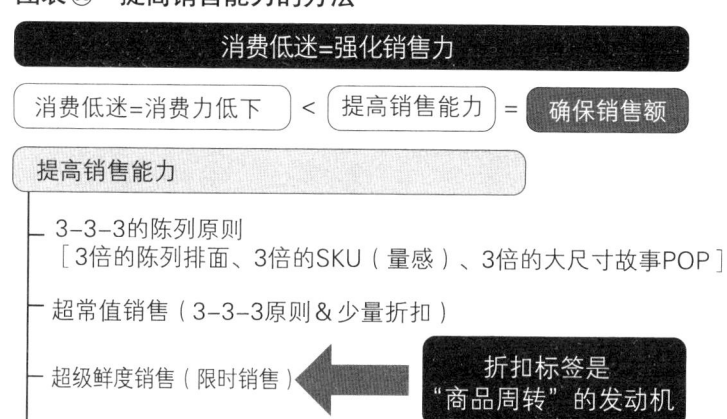

消费低迷=强化销售力

消费低迷=消费力低下 ＜ 提高销售能力 ＝ 确保销售额

提高销售能力
- 3-3-3的陈列原则
  ［3倍的陈列排面、3倍的SKU（量感）、3倍的大尺寸故事POP］
- 超常值销售（3-3-3原则&少量折扣）
- 超级鲜度销售（限时销售）← 折扣标签是"商品周转"的发动机
- 可视化（美味、鲜度、便宜感）

我经常强调"正是因为熟食部门不具备销售能力，所以无法实现盈利"。

大家所在的店铺是不是还处于"只要做好陈列就行"和"只要做好商品加工就行"的状态呢？

若是如此，那么会越来越难赢利。请大家一定要将目光多关注在"销售能力"上。

对策⑤ 远离"低价销售"

"炸土豆饼一个仅需 20 日元""便当一盒只要 250 日元"，

269

连媒体也在极力称赞,由于经济不景气,所以廉价的熟食产品非常畅销。

面对这样的宣传,超市商家自然会认为"确实如此,以后熟食会变得更加便宜了",也会更容易向低价销售倾斜。

然而,其结果就是"失去顾客的支持"以及"经营效益的恶化",陷入这样的糟糕局面。

我一直反复强调:"应该停止低价销售!因为我们处于通货紧缩的时代,应该进一步提升商品的品质才行。如今正是将美味商品以实惠的价格提供给顾客的好时机!经营方向千万不要搞错!"

现在看来,也许是我的反复强调非常奏效,我所指导的企业无论在销售额还是经营效益上都实现了增长。

在具体实施措施上,比如:

"如果便当低价销售,那就通过'免费提供味噌汤'来提高便当的附加价值。"

"若想低价销售寿司,那就应该'努力提高主材等级的同时,保持价格不变'。"

"炸土豆饼若以50日元以下的价格出售的话,炸猪排就应该以售价的7折便宜出售。炸猪排若是1根200日元左右,一定会销售火爆。"

我认为日本人对于"食文化"的感性称得上世界第一。

至于商品"便宜与否、难吃与否"在日本无法适用。由于在螺旋式通货紧缩的状态之下，高级食材和高品质食材同样行情市价走低，所以我们是否应该将目光聚焦于这些高品质的商品？

作为经营效益差的熟食部门，其商品的"低价出售"，会给整体收益带来多大的压力，大家对此都心知肚明。

因此我们需要通过"销售能力"，努力推销那些质优价廉的商品和高单价高品质的商品。

这样的话，我们能培养自身的销售能力，同时能防止商品单价的下滑。

而且，美味的商品一定会使"回头客"实现增长，可见这样的做法益处多多。

对策⑥　非"家常熟食"，而是"精致熟食"

图表㊱对4个标准的模式转换进行了总结。

首先，请大家理解一个事实，那就是一直以来人们普遍认知的"标准"变得越来越不适用了。

为什么这次我特意使用"精致熟食"一词，而非"家常熟食"呢？

这是因为，我希望让各位意识到，今后我们无疑必须对熟食进行模式转换。

图表㊱　熟食部门的模式转换实例

a. "鲜度能力"标准=限时销售

关键点
- 考虑操作计划（即使卖场有剩余，也要继续生产）
- 制定打折标准
- 实现可视化

b. "美味能力"标准=由"家常熟食"转向"精致熟食"

关键点
- 基于"外食"制定标准
- 考虑聘用"专业厨师"
- "家常味道"→"专业味道"的转变
- 以"质优价廉"战略实现商品再造

c. "品类能力"标准="脱离油炸食品"主义

关键点
- 通过"战略画布"进行思路整理
- "在家无法实现"的商品、品类的强化
- "质优价廉"商品的强化

d. "个人综合实力"标准=具备"思考能力"

关键点
- "不惧失败"的文化创建
- 从"毛利"出发
- 共享"成功案例"
- 给予"刺激"（增强其察觉及发现的能力）

当然，这种转换必然存在各种"壁垒"。

然而，考虑到超市最初导入"家常熟食"时所经历的重重困难，这种"壁垒"不算太高。

"熟食部门满足顾客的外食需求？根本做不到！

"聘用专业厨师？绝对不可能！

"以毛利出发吗？实现不了！

"后场零库存？怎么可能实现！"

难道不是这样的"否定思维"阻挠了进化的步伐吗？

其实我们只要将思维方式转换成"如何才能实现？"，就一定能想出各种各样的创意点子。

在超市所有部门中，我感觉今后最需要在"模式转换"上发生巨变的当数"熟食部门"。

既然迟早都要进行"模式转换"，不如从现在就立即开始行动。

在此，我所提出的方案可能和行业杂志所提到的内容相差甚远。

但如今的确是向这样的潮流迈进。

只要您考察过美国的超市、视察过日本的成长型企业，就能领悟并预测日本今后的环境和时代。

"熟食部门"是未来最需要进行模式转换的部门。

请一步一步改变思维方式，尝试不断"改善、改革、进化"，大家觉得如何呢？

日配商品、食品杂货商品、日用杂货、酒类部门

日配商品、食品杂货商品、日用杂货、酒类部门是在消费低迷时代背景下，最易陷入"红海"，且竞争最为激烈的部门。

这些部门，面临"销售额得不到增长，也无法取得高毛利，到底如何是好？"的问题。

因此，我将为大家直接推荐"逃离红海"的提案。

对策① 比以往畅销商品更"美味"

在螺旋式通货紧缩的时代，采取"比以往畅销商品更加便宜"的策略真的奏效了吗？答案显然是否定的。

在这样的时代背景下，"需要提供比以往的畅销商品更优质的商品，并且以更具有实惠感的价格展开销售"才能见效。

换句话说，就是"销售比以往的畅销商品品质更好的商品，保持单价不变，以此来提升销售额"。

您一定会质疑："这怎么可能呢！"

第7章 消费低迷背景下各部门的超全对策

抱有这样怀疑态度的企业,在螺旋式通货紧缩的背景下,销售额以及毛利正处于苦苦挣扎的局面中。

不过,大家可能会有这样的疑问:"所谓高品质商品,就是那些畅销的'特色'商品吗?"

并非如此。

接下来我将以具体事例加以说明。

a. 比以往的畅销商品更"美味"

请大家看照片⑰。

照片⑰

这是通过和以往畅销商品的"试吃对比"来打造美味可视化的销售。

275

这样的销售方法您一定闻所未闻吧。

但是，从顾客的立场来说，确实能让顾客一目了然地分辨商品在"味道上的差异"，这样的方法必然会受到顾客的认可。

总而言之，"只要比以往顾客吃过的商品更美味的话，就一定能够增加回头客"。

b. 比以往的畅销商品更具有"多用途，多功能"

照片⑱是"浓缩汤料"的卖场照片。

照片⑱

一直以来的畅销商品是"即食汤料"。然而，这个卖场却是通过打造浓缩汤料"用途广泛"的可视化，旨在推荐顾客更换品牌，购买"浓缩汤料"这种商品。

在"节省意识"很强的今天，就会成功引导顾客们进行品牌的更换。

虽然这种商品属于高单价商品，但商家通过为顾客展示商品所能带来的好处，将其打造成让店铺和顾客实现"双赢"的商品。

c. 比以往畅销商品更"安全、安心"

在"少子高龄化"越发严重的日本，顾客的"需求"毫无疑问会向健康、安全以及安心的取向转变。在那些超市发达的国家呈现出了这样的趋势。

我们必须将这些方面实现"可视化"。

关键在于，需要商家全力主推"为了孩子们的未来……"这一理念。

我认为所谓安心、安全的商品，其实就是在销售一种理念。

"为了自己的家人，为了孩子"，这是母亲们每天的愿望，这种理念一旦触动了母亲内心的那根弦，商品自然会畅销。

d. 比以往的畅销商品更具"品牌效力"

在"螺旋式通货紧缩"背景下，销售最低迷的当数那些"品牌"商品。如果我们能够实现"包销"，就能大幅降低商品的成本。

然后我们要突出这些"品牌"商品"价格便宜的可视化",最后再以"3-3-3的陈列原则"开展单品的走量销售(照片⑲)。请大家环顾一下所在的门店,就能发现在卖场中一定意外地存在很多好卖的"品牌"商品……

照片⑲

a. 比以往的畅销商品容量更大且更美味

照片⑳是"盛冈冷面"的箱装销售的场景。

这也是一种在"螺旋式通货紧缩"背景下,作为土特产以及礼品,销售处于艰难状态的商品。

事实上,像这样"销售难"的商品,有很多。

如果能够将这类商品的"最小单位(单价)"以可视化呈

第 7 章 | 消费低迷背景下各部门的超全对策

照片⑳

现出来，并重点展开营销，这类商品就会一跃成为"超级爆品"。

b. 虽比以往的畅销商品"更优质"，但出于一些原因而更便宜

照片㉑是销售"国产梅干碎"的场景。

这是一种将当今成为话题的商品便宜售卖的"理由"，进行可视化的销售方法。

如今这种商品正处于"热卖"中，对顾客来说，在卖场发现这类商品就相当于"寻宝"一般，因此非常抢手。

可见，通过这样的销售方式，就能使这种高品质的商品成

279

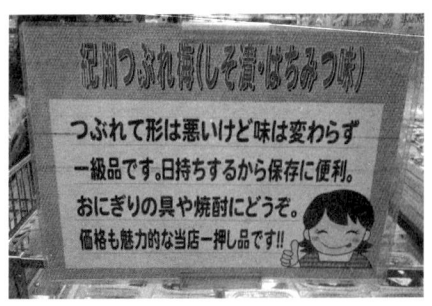

照片㉑

为"超级爆品"。

对策②　为什么冬天就该吃炖菜，夏天就应吃咖喱？

所谓顾客"想要的商品"的提案，简单来说，就是"创造新价值（提案）"。

我在拙著《超市新常识1：有效的营销创新》中曾介绍过"夏天销售日式年糕"的案例，现在我们会发现"夏天就该卖日式年糕"，已经逐渐变成了一种常识。

像这样的商品其实不胜枚举。

在图表㊲中，总结了我迄今为止所提出的各种超级爆品。

除此之外，像这样的宝藏商品数不胜数，这就需要大家多开动脑筋。

为什么冬天就一定是炖菜，夏天就一定要吃咖喱呢？为什

图表 ㊲ 通过"想要的商品提案"成为"超级爆品"的商品案例

夏天	日式年糕、关东煮、煮毛豆、日本豆腐、蒟蒻、泡菜汤、柚子醋、方便米饭、喉糖
冬天	烤肉酱、冷面(正月)、比萨、泡菜、浓缩汤料、大麦茶、冰激凌、果肉果冻、凉粉(正月)、咖喱块
春天、秋天	寿喜烧酱汁、流水素料、日式面料、乌冬(春天)、蒟蒻、刺身(春天)

- 一人份的意面比方便面更加便宜
- 大麦茶在价格便宜程度上,是瓶装饮料价格的十分之一
- 大阪烧若用一人份来考虑的话,就会成为省钱料理
- 干香菇能用于做多种菜肴,是万能食材
- 寿喜锅调料汁也能用来做日式土豆炖肉!
- 用咖喱块做的咖喱,孩子也会赞不绝口:"妈妈做的咖喱真好吃!"
- 柚子醋在夏天同样有用武之地!
- 超市比萨的价格是外卖比萨售价的五分之一

么提起冬天就是柚子醋,夏天就是日式面料呢?

　　为什么一想到节约,就是方便面呢?一人份的意面不是也

281

同样便宜吗?

为什么冬天就要吃喉糖呢?明明也有很多人因为夏季开空调,嗓子不舒服。

为什么冬天就一定要吃寿喜锅,夏天就一定要吃烤肉呢?孩子们明明更喜欢烤肉的。

这样的"疑问"数不胜数。

只要我们能发掘出这些疑问,并通过"故事POP"进行可视化即可。

这样的话,就一定能为顾客提供出"新的价值、创造需求"的商品提案。而这些商品只需稍稍便宜一些,就一定能够得到顾客的青睐。

这些商品就能成为在食品杂货部门中,无法想象的高毛利(率)商品。

对策③ 故事POP的进化

以食品杂货部门为首,超市中非生鲜的所有部门都共同存在一个问题,那就是面向顾客的营销水平普遍低下。

卖场中只写着"商品名及售价"的POP明显过多。即使偶尔能看到其他POP,也不过是一些"料理菜单提案"而已。

而且还都是"人人知晓"的菜单提案。

因此我们必须改进营销方法和技巧。

a. "试吃对比" & "投票POP"

在照片⑥⑦所在的章节中,曾介绍过"试吃对比"&"投票POP"。

在食品杂货部门中,不能每天都开展像这样的"试吃对比"活动,但如果能够在举行试吃对比时,让顾客投票选出哪一种商品更加美味的话,我们就可以将这一结果通过POP的形式展示出来。

这样一来,也能达到和每天的"试吃对比"同样的效果。

于是就能够使那些"高优质"、"高单价"及"高毛利"的商品变得畅销。

这样的POP也可以称为一种革命性的POP。试想一下,如果我们的店里,像这样的POP到处开花,将会成为多么愉悦开心的卖场。请大家务必挑战一下。

b. 故事POP的进化

可以说,以往的"故事POP"已经过时了。

如今的卖场中,甚至推出了"故事广播""故事DVD""故事人""故事展牌"等。

这些都是彻底打造"价值可视化"的手段。

比起POP上的文字和文章,还是"画面影像"更加一目了然。

另外，购物的时候，如果您听到店铺广播中播放"商品介绍"时，会不由得留意一下吧？

还有，选购商品时，如果身边有认真为您"介绍商品"的店员，您就会在不知不觉中产生购买欲望吧？

其实，实现"价值"的可视化有很多方法，我们不要只满足于"故事POP"的展示，还要尝试不断进化，思考更多更新鲜、更有效的方法，大家觉得怎么样？

照片㉒就是"故事POP"进化后的实例。

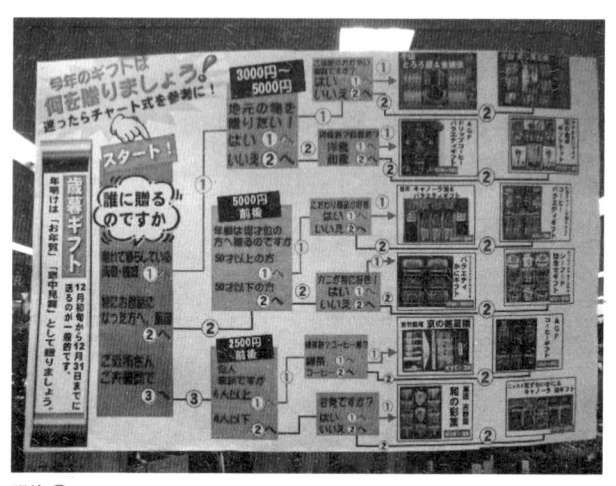

照片㉒

非常震撼吧？这是一张"流程图"的POP。但是，那些深耕于超市行业的专家或是业内人士，却总是持否定态度。

他们认为"这根本不是在销售商品,而是在销售POP。和商品相比,POP太过扎眼。""做这么大尺寸的POP,印刷成本必然会上涨吧!"

简直就是全面否定。但如今我们已经进入了一个"销售价值的时代",正在从"物质消费"向"故事消费"转换。

因此,比起商品本身,这种着重销售POP(价值)的方式势必更加有效。

我们还要从"性价比"的角度来衡量,即便印刷POP的确增加了一些成本,但推销那些高毛利率的商品,岂不是更好吗?

在此列举的这些企业,都因此实现了"令人难以置信"的高毛利的提升。

对策④ "单品走量"的"便宜可视化"

通常来说,只有在生产厂商举办"陈列大赛"时,超市才会推行单品的走量销售。

这样的超市不在少数。

"到底我们应该为了谁去打造门店呢?"——每逢看到这种场景和《业界志》上刊载的照片,我都会持有这样的疑问。

如果我们能针对"更多的真心希望为顾客推荐的商品"和那些"卖得越多就越赢利的商品",开展单品走量销售,就能实现大赚特赚。

照片㉓就是高毛利商品的"单品量感陈列"的实例。

照片㉓

通过对这种"好卖且赢利"商品开展走量销售,从顾客的角度来看,就会认为"这么搞大力促销,可能很便宜"。

单品的走量销售以及单品的量感陈列,正是一种体现"便宜的可视化"的方法。

而且,由于是高毛利的"创造新价值商品",就会避免陷入与竞争企业的血海一片的价格战。

由此可见,超市的非生鲜部门,并非"不能赢利"。

只是长久以来,这些部门"只销售那些不赢利的商品!","忽视了如何创造新的价值!","忽略了将向顾客传递的商品价值可视化!"。

那么，为什么会形成这样的局面呢？

这是由于企业内大部分人都因循守旧，持有非常强的固有观念，认为"食品杂货不可能赢利"。

如果不能摒弃这种观念，那么未来可能永远陷入"红海"的激烈竞争当中。

现在，日本的超市是不是到了提高毛利率的时候呢？

在超市中，作为销售占比在 50% 以上的日配品、食品杂货、面包甜点、日用杂货、酒类部门，若不进行"毛利的模式转换"，日本的超市就无法实现毛利率的提升。

也就无法提高超市这个行业的社会地位。

收银部门

实际上，收银员同样是伟大的"销售员"。

然而他们每天只是埋头做着收银，不免有些大材小用。

收银员每天都会和顾客接触。所以，他们可以直接听到顾客们的意见和投诉。

如果这些人能够成为"销售"，那一定会产生意想不到的效果。

作为企业，必须学会灵活运用这些"优秀人才"。

以收银为中心，可获得惊人的"预订量"

因为消费低迷，博若莱新酿葡萄酒的预订数量急剧减少。

而在福岛相马市的（株）KIKUCHI，仅凭收银员就拿到了惊人的博若莱新酿葡萄酒的预订数量。

2008 年末的预订量是 280 瓶，2009 年则达到 1076 瓶。

您相信吗，这是一家仅拥有 9 家分店的企业，且所有预订都是凭借收银员的力量所得。那么他们究竟是如何做到的呢？

- 店内循环播放有关商品预订信息的宣传视频。
- 全员佩戴由店内制作的徽章，实现预订的可视化。
- 结算时的一声问候语。
- 顾客离店时亲手递送每一张预订券。
- 对个别顾客进行回访。
- 堪称做到"极致"的店内活动。

凭借这些举措，该企业实现了 1076 瓶惊人的预订数字。

照片㉔㉕，是位于四国德岛，旗下拥有 46 家店铺的（株）KYOEI 的冲滨店。照片中的卖场，是由收银员亲手布置的。

卖场里的精心布置，全部是由收银员手工打造。就连楼梯上的花束也会根据季节以及活动随时变换。

他们表示，圣诞节的预约面板必须是手工制作。为了展现

第7章 消费低迷背景下各部门的超全对策

照片㉔

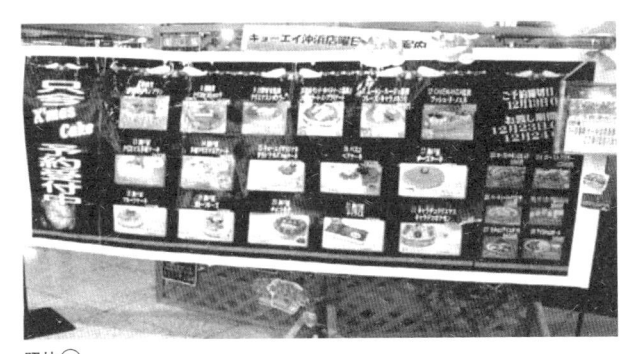

照片㉕

出"丰富多彩的效果",他们还特意使用了香草进行装饰。

　　本地的甜点也通过手工制作的 POP 进行营销。虽然商品本身并不便宜,但也达到了惊人的销量。

　　这些了不起的布置和营销,都是凭借收银员以及店铺内各位员工的战斗力得以实现。

唯有收银员才能实现的营销策略

今后的超市,将从"提供食材"的场所,转换成为所在地区"提供交流"的场所。

因此,我认为在超市内也可以采取以下措施。

每天,收银员都能直接从顾客那里收获"表扬的话语"、"抱怨的话语"以及"鼓励的话语"。

正因为如此,这些收银员会思考"能为顾客做些什么"。

那么,将收银员的心愿转变成"有形的"措施,怎么样呢?

在销售方面,那些"被认为不具备战斗力的人,往往能成为真正的战斗力"。

我认为,只要有效运用这一点,就能有利于大幅度提高生产效益。

然而,这需要店长具备领导力。

我经常说:"在众多优秀店长中,肯定存在优秀的(女性)临时工!"

请店长们不断鼓励收银员们发起挑战。

正因为最了解顾客的是这些收银员,所以能实现真正的营销。

后记

一起构筑新时代吧

超市这种业态，自从美国传入至今（指 2010 年，本书在日本出版的时间），已经有 50 年左右的历史了。

随着日本经济的"高度发展"，超市行业也在飞速成长。

在日本经济行至拐点的当下，超市行业同样迎来了巨大转折。

我发现，那些曾经高谈阔论地说"超市行业就应该这样！"的声音已经渐渐消失。

这是因为，如果继续这样，超市行业会变成"低收入行业"的典型代表。

如果继续这样下去，超市行业非但无法提高其行业"地位"，反而会继续下滑。

这让我深感担忧。

"你为什么要费尽心思，忧心整个超市行业呢？"

"作为顾问，你只需要考虑客户企业不就可以了吗？"

"明明没什么实力，你又能改变什么呢？"

我经常会听到这样那样的疑问。

通过公开这些"为什么？"，来作为本书的结语。

这是因为，我要遵守"和一个人的约定"。

这个人，名叫"稻健治"。

我基于"成为流通行业的无名英雄企业"的理念创立了"商人 NET 株式会社"。

而稻健治是公司的第一位员工。

尽管他当时已经被一家知名广告代理公司录用，我因为看中了他的人品和能力，不断地说服，最终以"挖人"的形式，半强迫地把他吸纳到了我的公司。

而且，给他的薪酬只有那个广告公司的一半。

他凭一人之力创立了"零售业教学网站"的"商人（买卖人）NET"（http://www.akindonet.com）系统。

事实证明他是不负我所望的人。

每逢一起喝酒，他经常会这样说："我喜欢浑身充满热情的人，所以即便工资不高，我也想继续留在这家公司。"

即便是公司经营惨淡时，因为有他的鼓励得以渡过难关。

如果没有他的存在，大概会半途而废吧。

后来，终于迎来了"商人 NET"被大众知晓，会员数不断增加，经营也步入正轨，可正是在那个时候，他却突然病倒了。

是"急性髓细胞性白血病"，一种绝症。

但是，他凭借着不屈不挠的精神和病魔抗争。

即便是抗癌药产生严重的副作用，疼痛难忍的时候，他仍然每天通过邮件指导员工推进"商人 NET"的运营。

293

他是真心热爱着这个公司,热爱着所有员工。

然而,命运是残酷的。因为抗癌剂的使用,引发了严重的并发症。

他在最痛苦之际发了一封这样的邮件:

"社长,我可能不行了。

"请一定要实现我们的梦想,请不要放弃我们的梦想。

"真遗憾!想和您一起做的事情还有好多。"

大约在邮件发出的两周之后,2008年4月19日,他成了"不归人",享年37岁。

他就这样过早离开了我们。

商人(买卖人)NET是因为他的"鼓励"才走到今天。

没有他,这一切就绝对无法实现。

而他的"努力",仍然激励着今天的我。

商人(买卖人)NET的创立,绝非靠我一己之力。

稻先生去世后,我坚定了"全力以赴,要为超市行业有所贡献"的活法。

以此来表达对过世的志同道合的"战友"——稻健治的感恩之心。

他在世时,我未能为他做些什么。

就在"公司终于步入正轨,马上就能为他带来一些幸福"之际,他却从我的眼前消逝而去。

后 记 | 一起构筑新时代吧

因此,即便遭到周围无数的非议,"简直胡来!""完全不懂常识!""明明没什么实力",但我仍旧希望能"改变日本的超市现状""坚持不懈地提高日本超市的行业地位""要让在超市工作的所有人都获得幸福",这一切都是因为这是和稻健治的约定。

我的人生目标是"我将全力以赴,直到能为世人带来幸福为止,努力成为一名能为大家带来梦想、希望和勇气的热血改革家和教育家"。

为此,我每年都会举办三场名为"充满干劲和感动的盛典"的研讨会。

研讨会旨在成为"超市行业内的翘楚",希望打造成为对超市中工作的人来说,最高目标的盛典(研讨会)。请大家务必前来参加。

今后我将继续运营这个由稻健治创建的零售业专业教学网站——"商人 NET"。

这是我和他约定的"梦想",要实现"通过商人 NET,使世人获得幸福"的愿景。

请大家注册成为会员,并尝试和我们一起学习。

出于"哪怕能多一个人也好,希望能带领更多的超市同行去美国考察学习,希望使更多的同行感受到众多新'发现'和'感动'"这样的想法,我还着手企划了一些"质优价廉"的考察美国研讨会。

295

当然，作为经营顾问，我每年会用大概300天的时间，开展咨询服务及举办演讲会。

这一切都是为了履行和"那个人"的约定。

各位，让我们大家一起成就幸福人生吧。

因为"人只能活一次"。

让我们感受"活着的喜悦"的同时，鼓起勇气去挑战更多新鲜事物吧。

一起去打造未来"超市"的新形象。

如果本书能对您起到参考作用，我将倍感欣慰。

也正因为有那么多的客户企业坚持不懈地、勇敢地挑战那些要求更严的"标准"和"制度"，我这样的人才得以写出本书。

在此衷心地对这些客户表达我的谢意。

非常感谢！

还要对那些注册"商人NET"，不断学习进取，实现业绩提升的会员致以谢意。

非常感谢！

对那些总是满足"高要求"，每天都在不断努力的商人NET的工作人员，表达谢意。

非常感谢！

还有，对因我一直忙于工作而没有照顾好的我的家人们，说一声"我爱你们"。

还要对读到最后的各位读者说一声"非常感谢"。

最后，我要向在天国的稻健治说一声："感恩遇见，我人生中一半的精彩因你成就，我一定会努力实现你所托付的'梦想'。相信你的在天之灵也会时刻保佑我们。"

零售业专业培训网站
"商人（买卖人）NET"

http:www.akindonet.com/

○面对不断逼近的"衰退时代"，若想在这样的时代背景中活下去，唯有提高"个人综合实力"。

○为此，我们必须注重"现场培训"和"信息共享"。

○如果您有"在教育培训方面无法进行投资"的困扰，那么我推荐您注册加入零售业专业教学网站"商人NET"。

○该网站涵盖了"知识""技能""信息"等现场培训所需的所有重要内容。

○在衰退时代的背景下，唯有不断学习才能存活下去。

○请务必即刻检索一下。

○欢迎垂询。

○商人NET，一定能为您和您的公司掀起一场"价值变革（新价值想象）"。

商人（买卖人）NET 检索

关于"服务的细节丛书"介绍：

东方出版社从 2012 年开始关注餐饮、零售、酒店业等服务行业的升级转型，为此从日本陆续引进了一套"服务的细节"丛书，是东方出版社"双百工程"出版战略之一，专门为中国服务业产业升级、转型提供思想武器。

所谓"双百工程"，是指东方出版社计划用 5 年时间，陆续从日本引进并出版在制造行业独领风骚、服务业有口皆碑的系列书籍各 100 种，以服务中国的经济转型升级。我们命名为"精益制造"和"服务的细节"两大系列。

我们的出版愿景："通过东方出版社'双百工程'的陆续出版，哪怕我们学到日本经验的一半，中国产业实力都会大大增强！"

到目前为止"服务的细节"系列已经出版 115 本，涵盖零售业、餐饮业、酒店业、医疗服务业、服装业等。

更多酒店业书籍请扫二维码

了解餐饮业书籍请扫二维码

了解零售业书籍请扫二维码

"服务的细节" 系列

书　名	ISBN	定价
服务的细节：卖得好的陈列	978-7-5060-4248-2	26元
服务的细节：为何顾客会在店里生气	978-7-5060-4249-9	26元
服务的细节：完全餐饮店	978-7-5060-4270-3	32元
服务的细节：完全商品陈列115例	978-7-5060-4302-1	30元
服务的细节：让顾客爱上店铺1——东急手创馆	978-7-5060-4408-0	29元
服务的细节：如何让顾客的不满产生利润	978-7-5060-4620-6	29元
服务的细节：新川服务圣经	978-7-5060-4613-8	23元
服务的细节：让顾客爱上店铺2——三宅一生	978-7-5060-4888-0	28元
服务的细节009：摸过顾客的脚，才能卖对鞋	978-7-5060-6494-1	22元
服务的细节010：繁荣店的问卷调查术	978-7-5060-6580-1	26元
服务的细节011：菜鸟餐饮店30天繁荣记	978-7-5060-6593-1	28元
服务的细节012：最勾引顾客的招牌	978-7-5060-6592-4	36元
服务的细节013：会切西红柿，就能做餐饮	978-7-5060-6812-3	28元
服务的细节014：制造型零售业——7-ELEVEn的服务升级	978-7-5060-6995-3	38元
服务的细节015：店铺防盗	978-7-5060-7148-2	28元
服务的细节016：中小企业自媒体集客术	978-7-5060-7207-6	36元
服务的细节017：敢挑选顾客的店铺才能赚钱	978-7-5060-7213-7	32元
服务的细节018：餐饮店投诉应对术	978-7-5060-7530-5	28元
服务的细节019：大数据时代的社区小店	978-7-5060-7734-7	28元
服务的细节020：线下体验店	978-7-5060-7751-4	32元
服务的细节021：医患纠纷解决术	978-7-5060-7757-6	38元
服务的细节022：迪士尼店长心法	978-7-5060-7818-4	28元
服务的细节023：女装经营圣经	978-7-5060-7996-9	36元
服务的细节024：医师接诊艺术	978-7-5060-8156-6	36元
服务的细节025：超人气餐饮店促销大全	978-7-5060-8221-1	46.8元

书　　名	ISBN	定　价
服务的细节 026：服务的初心	978-7-5060-8219-8	39.8 元
服务的细节 027：最强导购成交术	978-7-5060-8220-4	36 元
服务的细节 028：帝国酒店　恰到好处的服务	978-7-5060-8228-0	33 元
服务的细节 029：餐饮店长如何带队伍	978-7-5060-8239-6	36 元
服务的细节 030：漫画餐饮店经营	978-7-5060-8401-7	36 元
服务的细节 031：店铺服务体验师报告	978-7-5060-8393-5	38 元
服务的细节 032：餐饮店超低风险运营策略	978-7-5060-8372-0	42 元
服务的细节 033：零售现场力	978-7-5060-8502-1	38 元
服务的细节 034：别人家的店为什么卖得好	978-7-5060-8669-1	38 元
服务的细节 035：顶级销售员做单训练	978-7-5060-8889-3	38 元
服务的细节 036：店长手绘　POP 引流术	978-7-5060-8888-6	39.8 元
服务的细节 037：不懂大数据，怎么做餐饮？	978-7-5060-9026-1	38 元
服务的细节 038：零售店长就该这么干	978-7-5060-9049-0	38 元
服务的细节 039：生鲜超市工作手册蔬果篇	978-7-5060-9050-6	38 元
服务的细节 040：生鲜超市工作手册肉禽篇	978-7-5060-9051-3	38 元
服务的细节 041：生鲜超市工作手册水产篇	978-7-5060-9054-4	38 元
服务的细节 042：生鲜超市工作手册日配篇	978-7-5060-9052-0	38 元
服务的细节 043：生鲜超市工作手册之副食调料篇	978-7-5060-9056-8	48 元
服务的细节 044：生鲜超市工作手册之 POP 篇	978-7-5060-9055-1	38 元
服务的细节 045：日本新干线 7 分钟清扫奇迹	978-7-5060-9149-7	39.8 元
服务的细节 046：像顾客一样思考	978-7-5060-9223-4	38 元
服务的细节 047：好服务是设计出来的	978-7-5060-9222-7	38 元
服务的细节 048：让头回客成为回头客	978-7-5060-9221-0	38 元
服务的细节 049：餐饮连锁这样做	978-7-5060-9224-1	39 元
服务的细节 050：养老院长的 12 堂管理辅导课	978-7-5060-9241-8	39.8 元
服务的细节 051：大数据时代的医疗革命	978-7-5060-9242-5	38 元
服务的细节 052：如何战胜竞争店	978-7-5060-9243-2	38 元
服务的细节 053：这样打造一流卖场	978-7-5060-9336-1	38 元
服务的细节 054：店长促销烦恼急救箱	978-7-5060-9335-4	38 元

书　　名	ISBN	定　价
服务的细节055：餐饮店爆品打造与集客法则	978-7-5060-9512-9	58元
服务的细节056：赚钱美发店的经营学问	978-7-5060-9506-8	52元
服务的细节057：新零售全渠道战略	978-7-5060-9527-3	48元
服务的细节058：良医有道：成为好医生的100个指路牌	978-7-5060-9565-5	58元
服务的细节059：口腔诊所经营88法则	978-7-5060-9837-3	45元
服务的细节060：来自2万名店长的餐饮投诉应对术	978-7-5060-9455-9	48元
服务的细节061：超市经营数据分析、管理指南	978-7-5060-9990-5	60元
服务的细节062：超市管理者现场工作指南	978-7-5207-0002-3	60元
服务的细节063：超市投诉现场应对指南	978-7-5060-9991-2	60元
服务的细节064：超市现场陈列与展示指南	978-7-5207-0474-8	60元
服务的细节065：向日本超市店长学习合法经营之道	978-7-5207-0596-7	78元
服务的细节066：让食品网店销售额增加10倍的技巧	978-7-5207-0283-6	68元
服务的细节067：让顾客不请自来！卖场打造84法则	978-7-5207-0279-9	68元
服务的细节068：有趣就畅销！商品陈列99法则	978-7-5207-0293-5	68元
服务的细节069：成为区域旺店第一步——竞争店调查	978-7-5207-0278-2	68元
服务的细节070：餐饮店如何打造获利菜单	978-7-5207-0284-3	68元
服务的细节071：日本家具家居零售巨头NITORI的成功五原则	978-7-5207-0294-2	58元
服务的细节072：咖啡店卖的并不是咖啡	978-7-5207-0475-5	68元
服务的细节073：革新餐饮业态：胡椒厨房创始人的突破之道	978-7-5060-8898-5	58元
服务的细节074：餐饮店简单改换门面，就能增加新顾客	978-7-5207-0492-2	68元

书　名	ISBN	定价
服务的细节075：让POP会讲故事，商品就能卖得好	978-7-5060-8980-7	68元
服务的细节076：经营自有品牌	978-7-5207-0591-2	78元
服务的细节077：卖场数据化经营	978-7-5207-0593-6	58元
服务的细节078：超市店长工作术	978-7-5207-0592-9	58元
服务的细节079：习惯购买的力量	978-7-5207-0684-1	68元
服务的细节080：7-ELEVEn的订货力	978-7-5207-0683-4	58元
服务的细节081：与零售巨头亚马逊共生	978-7-5207-0682-7	58元
服务的细节082：下一代零售连锁的7个经营思路	978-7-5207-0681-0	68元
服务的细节083：唤起感动	978-7-5207-0680-3	58元
服务的细节084：7-ELEVEn物流秘籍	978-7-5207-0894-4	68元
服务的细节085：价格坚挺，精品超市的经营秘诀	978-7-5207-0895-1	58元
服务的细节086：超市转型：做顾客的饮食生活规划师	978-7-5207-0896-8	68元
服务的细节087：连锁店商品开发	978-7-5207-1062-6	68元
服务的细节088：顾客爱吃才畅销	978-7-5207-1057-2	58元
服务的细节089：便利店差异化经营——罗森	978-7-5207-1163-0	68元
服务的细节090：餐饮营销1：创造回头客的35个开关	978-7-5207-1259-0	68元
服务的细节091：餐饮营销2：让顾客口口相传的35个开关	978-7-5207-1260-6	68元
服务的细节092：餐饮营销3：让顾客感动的小餐饮店"纪念日营销"	978-7-5207-1261-3	68元
服务的细节093：餐饮营销4：打造顾客支持型餐饮店7步骤	978-7-5207-1262-0	68元
服务的细节094：餐饮营销5：让餐饮店坐满女顾客的色彩营销	978-7-5207-1263-7	68元
服务的细节095：餐饮创业实战1：来，开家小小餐饮店	978-7-5207-0127-3	68元

书　　名	ISBN	定　价
服务的细节096：餐饮创业实战2：小投资、低风险开店开业教科书	978-7-5207-0164-8	88元
服务的细节097：餐饮创业实战3：人气旺店是这样做成的！	978-7-5207-0126-6	68元
服务的细节098：餐饮创业实战4：三个菜品就能打造一家旺店	978-7-5207-0165-5	68元
服务的细节099：餐饮创业实战5：做好"外卖"更赚钱	978-7-5207-0166-2	68元
服务的细节100：餐饮创业实战6：喜气的店客常来，快乐的人福必至	978-7-5207-0167-9	68元
服务的细节101：丽思卡尔顿酒店的不传之秘：超越服务的瞬间	978-7-5207-1543-0	58元
服务的细节102：丽思卡尔顿酒店的不传之秘：纽带诞生的瞬间	978-7-5207-1545-4	58元
服务的细节103：丽思卡尔顿酒店的不传之秘：抓住人心的服务实践手册	978-7-5207-1546-1	58元
服务的细节104：廉价王：我的"唐吉诃德"人生	978-7-5207-1704-5	68元
服务的细节105：7-ELEVEn一号店：生意兴隆的秘密	978-7-5207-1705-2	58元
服务的细节106：餐饮连锁如何快速扩张	978-7-5207-1870-7	58元
服务的细节107：不倒闭的餐饮店	978-7-5207-1868-4	58元
服务的细节108：不可战胜的夫妻店	978-7-5207-1869-1	68元
服务的细节109：餐饮旺店就是这样"设计"出来的	978-7-5207-2126-4	68元
服务的细节110：优秀餐饮店长的11堂必修课	978-7-5207-2369-5	58元